療癒的法

杜正民——著

佛陀教我的 10 堂生死課

10 Lessons on Life and Death as Taught by the Buddha

HEALING THROUGH
HEARING THE DHARMA

以法療癒「存在的苦惱」

　　法鼓文化整理已故的杜正民教授於《人生》雜誌「法的療癒」專欄（2016 年 11 月起）的十篇大作，即將出版，邀請敝人撰寫推薦序。對此任務，讓我得以再次拜讀佛法（以《雜阿含經》為主）運用在「生死大事」的範例，也因此得以發表〈死亡品質指數與存在的苦惱〉（《人生》雜誌 2018 年 1 月）拙文。今藉此因緣，向杜老師致敬，摘錄與接述如下，因為，他也是「臺灣人之死亡品質指數：亞洲排名第一」的範例之一。

臺灣人之死亡品質指數：亞洲排名第一

　　2010 年，《經濟學人》智庫（The Economist

Intelligence Unit）評估四十個國家之人民可獲得的安寧緩和療護的可用性、可負擔性和品質，評比五類、二十項指標，做為「死亡品質指數」（The Quality of Death Index）。臺灣是第十四名，亞洲排名第一。2015 年的評比國家有八十個，臺灣上升到第六名，亞洲排名第一。這或許是我們值得珍惜與分享的臺灣軟實力，因為各國政府努力改善公民的生活時，也須考慮如何提昇死亡品質。

　　所謂「五類指標」是：1. 緩和醫療的環境，2. 人力資源，3. 可負擔性，4. 療護品質，5. 社區參與。臺灣於 2000 年實施「安寧緩和醫療條例」（2002 年修訂），賦予人民可以預立意願書，表達臨終時「拒絕心肺復甦術」（DNR）的權力，讓末期病人可避免「無效醫療」的痛苦。例如：「心肺復甦術」（CPR）或「延命措施」（葉克膜、升壓藥物、血管輸液、鼻胃管等），也減少醫療資源浪費，此預

立意願與死亡品質密切相關，值得推廣，自利利人。

此外，臺灣的健保局於 2000 年開始提供癌末病患之安寧療護住院服務「論日計酬」支付標準；2003 年新增「運動神經元疾病病患」（俗稱漸凍人），2009 年再新增八類符合入住安寧療護病房之重症末期患者：「老年期及初老期器質性精神病態」、「其他大腦變質」、「心臟衰竭」、「慢性氣道阻塞，他處未歸類者」、「肺部其他疾病」、「慢性肝病及肝硬化」、「急性腎衰竭，未明示者」及「慢性腎衰竭及腎衰竭，未明示者」等八類，擴大安寧緩和醫療服務範圍。

對於緩和安寧療護方面的準備，當杜老師覺察已是肝癌末期時（2016 年 9 月），從容地就近安排在馬偕紀念醫院安寧療護教育示範中心，採用「安寧共照」（安寧病房與一般病房〔腸胃肝膽科〕兩方面的醫療團隊合作共同照顧）的最適合方式，一直到

11 月 27 日往生前，讓我們看到杜老師，面對病苦的灑脫與始終替別人著想的溫馨，並於 11 月 10 日，對於身後事，向敝人做如下的交代：

　　・希望如　聖嚴師父所說的是「佛事」，不是「告別式」、「追思會」，而是「共修法會」（誦《心經》、《無常經》，並送大眾《無常經》結緣），不需要冠上他的名字，但可以發揮生命教育的學習效益，故稱為「生命教育共修法會」，法會時間與植存「金山環保生命園區」的時間同日舉行。

　　・不用印製「生命教育共修法會通知」，只需讓大家知道法會時間及流程與生命教育共修法會的緣由即可。

　　・「生命教育共修法會」時，不做「生平簡介或PPT」播放。

存在的苦惱（existential distress）

　　2017 年 12 月 2 日，臺灣臨床佛學研究協會學術研討會暨會員大會時，有幸聆聽程劭儀醫師對於國際安寧療護文獻回顧的報告，獲益匪淺。其中，介紹喬奇諾夫教授（Dr. Harvey Max Chochinov）等（2016）"Dignity and Distress towards the End of Life across Four Non-Cancer Populations"（〈四種非癌症病人的臨終尊嚴和痛苦〉）之研究，其目的是描述和比較「晚期肌萎縮性脊髓側索硬化症（ALS，俗稱漸凍症）、慢性阻塞性肺病（COPD）、終末期腎病（ESRD，慢性腎功效衰竭尿毒症，須洗腎或移植）患者、照護機構之衰弱老人等四種非癌症群與尊嚴相關的痛苦之發生率和模式，增進我們對於非癌症病人、衰弱老人之身心痛苦的了解，提昇自他的預防與照顧的知能。

　　此研究歷程從 2009 年 2 月至 2012 年 12 月，招

募了四百零四名參與者（四種非癌症病人各約一百名），用相關標準化量表以及病人尊嚴量表（PDI）做為評量工具。對此研究，程劭儀醫師特別提醒的是在「存在的苦惱」（existential distress）有關「期盼死亡」（desire for death）與「自殺念頭」（suicidal ideation）的百比例，如下表：

	漸凍症 ALS	慢性阻塞性肺病 COPD	終末期腎病ESRD	衰弱老人
期盼死亡	2.92%	2.03%	1.04%	7.91%
自殺念頭	0	0	5.91%	0

從衰弱老人 7.91% 有「期盼死亡」的數據，顯示老人似乎不特別害怕未來，對於期盼死亡也許表示準備死亡的心態，這與大多數研究證據一致，即年輕人對死亡的恐懼程度較大，隨著年齡的增加而下降。

　　終末期腎病患 5.91% 有「自殺念頭」的數據，也是唯一包括中度至重度自殺念頭的患者群。此患者群（須洗腎或移植）雖有少許抑鬱症或喪失希望，但有最高數量的合併症和顯著的症狀負擔，表示其自殺念頭可能是來自身體的痛苦，而不是心理因素。

以法療癒「存在的苦惱」

　　此外，程劭儀醫師也提到過去所謂「靈性困擾」（spiritual distress），現在比較多用「存在的苦惱」。這也讓我想到過去我提到：在西方從事安寧療護運動時，為了避免一般人對宗教的抗拒，或避免妨害信教自由之嫌，故採用「靈性照顧」來協助靈性困擾。敝人則參考佛教《四念處經》提出「覺察性照顧」（care of mindfulness），使「覺察性」（念）安住於自他的身、受、心、法等四方面。此法門不僅是

可導向體會真理（法）的修習，也常用於淨化臨終者的心念。依現實身心「存在」經驗為觀察對象，比較不會為體驗「離」身心之靈性而追求「通靈經驗」，為「靈媒」所惑，受制於人，有時會遭遇騙財騙色之危險。

誠如「法的療癒」專欄緣起所述：「杜老師 2005 年底檢查出肝癌，手術住院期間，因為身體的痛，苦不堪言，讓他反思：學佛究竟是為了什麼？佛陀又是如何教導弟子面對病痛和死亡？出院後，開始投入《雜阿含經》病相應群經的研究。這十年來，歷經治療、相安無事、復發等不同階段，杜正民除了把逐漸敗壞的身體當作修行工具，觀察病的生滅變異，他還運用數位佛學的專業，和病玩起了遊戲，讓人莞爾。」

印順法師在《雜阿含經論會編》（1983）自序開頭提到：「《雜阿含經》（即《相應阿含》，《相

應部》），是佛教界早期結集的聖典，代表了釋尊在世時期的佛法實態。佛法是簡要的，平實中正的，以修行為主，依世間而覺悟世間，實現出世的理想——涅槃。在流傳世間的佛教聖典中，這是教法的根源，後來的部派分化，甚至大乘『中觀』與『瑜伽』的深義，都可以從本經而發見其淵源。這應該是每一位修學佛法者所應該閱讀探究的聖典。」杜老師的「法的療癒」專欄大作即是以《雜阿含經》為主，以《法的療癒——佛陀教我的 10 堂生死課》為書名，探究佛法對「生老病死」療癒之道。

根據《好讀 雜阿含經》（台大獅子吼佛學專站編註，法鼓文化出版），提到《雜阿含經》第 296 經指出聖弟子不求過去世，不求未來世，不著我見、眾生見、壽者見。這可以與《金剛般若波羅蜜經》所述「無我相、人相、眾生相、壽者相」呼應，像這樣的義理探源，可以貫通《阿含經》與《般若經》的

緣起智慧，乃至《中論》之「不即不異」、「不常不斷」等緣起中道思想。

　　誠如敝人在〈哲人其萎・法界無盡〉（《人生》雜誌，2017 年 1 月，「當代關懷」杜老師紀念專輯）所述：杜老師善於規畫旅行，對於「人生的生死旅途」也同樣善巧安排。或許，我們只是人生旅途「遊山玩水」的過客，猶如生命大海中的浪花，或者是生命大地中的塵土。法界如因陀羅網，重重無盡，浪花與塵土起自於大海或大地，再回歸大海或大地，好像是「回家」，我們都是一家人。

東京大學文學博士
法鼓文理學院校長、中華電子佛典協會主任委員
2017年12月20日

醫者的《阿含經》

　　我是一位急重症的醫生，當我一字又一字讀杜老師的遺著，揣想他當時病情的起伏，彷彿正在看我重病患者的起伏。只是老師和我遇過的患者不一樣，他用了許多《阿含經》的智慧陪著自己病況。除了感動，我有了懺悔，想到現代所謂的科技先進的醫療，我們的專業，竟然只教我如何治療病人疾病，卻沒有教我如何療癒病人生命！

　　老師於第一章「我的痛，我的話頭」中提到，早已痛到流淚，竟發現經中比丘經歷「心得解脫，身病悉除」，原來佛陀早已教育弟子，佛法，是可療癒身心的。進一步在第二章中，老師精進地發現目前醫界對病況評估的標準流程 SOAP，不也就是「苦、集、滅、道」四諦療療眾生的方式嗎？第三章，老師

在給孤獨長者那裡，看到了「生命觀，其實就是死亡觀」，而我們平常沒有死亡觀，病死前，心就不會平安，而這些，幾乎在我的加護病房天天上演呢。

病情起伏，確實會使人畏懼，老師在第四章中，知道阿濕波誓在乎的，竟然不是病痛而是退失定力，老師知道自己生病更要提起正念，真實審視自己內心恐懼和我執。「死後，我會去哪裡？」也是病人常私下問我的，老師在第五章年少比丘生重病和佛陀的互動中，知道我們太我執了，佛陀提醒用眼、耳、鼻、舌、身、意去體驗生滅法，如此反覆善念修持，沒有了我執，也就能「得命善終，後世亦善」！

第六章，長壽童子臨終前，擔心的是自己家人，我的臨終病患也是常常如此，所以如何跟家人「道謝、道愛、道歉、道別」，讓彼此沒有罣礙，老師在臨終前，也如此學習四道人生。第七章中，知道佛陀也會獨自前往關懷病重臨終比丘，對病終的一舉

一動各種覺受，例如苦受、樂受、不苦不樂受，提醒這些都是隨因緣而生、而非無因緣，弟子當以「正念正知」覺醒自己在病終修持。

　　第八章老師癌症復發，心力憔悴都仍說法聽法，引述佛陀在臨終三種「說法」，我也在重症安寧教育遇到：醫護專業人員傳授安寧緩和醫療的善終，或許宛如「得大師說法」，那「修梵行者說法」就如心靈宗教師和安寧病房志工，護持安寧緩和醫療的善終。若沒有這些幫助，只要平常用功學習善終觀念，也可以有心力獨自思惟善終。這就是佛陀在《阿含經》中的慈示呀！

　　第九章又看到老師臨終的精進，浪漫想像設計「佛法圖」，把《阿含經》中的十結和四果連結一起成為遊戲，期待大家平常可以建立起癒病觀和生命觀，方便修行之路步步增上。

　　最後，我最為老師第十章「病願行」動容，為

了臨終發願，為了實踐其願，老師悟出不只要身體力行，更要「心行」；老師用「今天是我的最後一天」鼓勵自己，也使大家聚在一起真心誦佛，這些就是最美好的告別練習。故老師輕鬆放下，接受安寧緩和醫療善終，他靜心看生命和自然關係，發現生與死其實是同一點，或如最後，也是最初的一點！

　　我真欲擱筆，卻真不知如何停止，因為老師遺作，儼然是一部「醫者《阿含經》」。我何幸讀到老師的真情，好想告訴老師：我願是一位「覺有情」的人，如你，如來如去，於這人世間！

臺中慈濟醫院預防醫學中心副主任

以身試法
──真實不虛的臨終道途

　　積數十載數位佛典的知識專攻,取十多年受病經驗為觀察對象,杜正民老師誠實書寫了自己親切的臨終旅程,發展出獨具阿含法味的超越之法。

　　優游法海的學者,因緣際會進入生命最後的嚴苛試煉,在肉身疼痛與死亡憂懼的颶風中,勇於反思敢於探問,裁成這本生死小書;就如一幅素樸藏寶圖,文字雖簡,資料豐富,足可供現代人在生病或陪病時細細咀嚼。生命的全幅教導,佛陀原已盡說;只是,聖者懂得的,我們正各依自己的福德因緣揣摩練習,而,杜老師先行。

　　與杜老師實不相熟。約莫 1996 年在北投中華佛教文化館聖嚴法師的午餐會上初識,他沉默安然的舉止讓我印象深刻,後來僅在學術會議中兩年一會。

2006 年聽說他罹癌，再見時顯得特別憔悴消瘦，會議場上冷氣大開，回南部後便給老師寄去幾頂頭巾禦寒，此後見面就握個手、合個照，說是一起記錄老病過程。2016 年末，果賢法師來訊說杜老師住進安寧病房，已陷入昏迷，感覺此回不見再無下回，獲得師母同意，連夜北上與法師飛車前往相探。不意當天早上杜老師恢復清醒、話語清晰；我們回顧往昔道情，感恩他曾鼓勵「做背後支持的人很重要」，我在他面前流下眼淚，他溫藹頷首微笑。我問：「還合照嗎？」骨瘦如柴的他愉悅地說：「當然啊！我可能像佛陀苦行六年之狀。」於是，果賢法師和我共同保留了老師最後的容顏。

　　兩千六百年前深藏在佛陀原始教典中的簡短語言，許多研究指出早已道盡臨終關懷的理則與實作；然臨終畢竟是獨一無二的個人旅程，關懷之道沒有一體適用的 SOAP，但只要細心領略，便能發現現代安

寧關懷要領甚至是實作方法盡顯書中。譬如：首章直指同情共感的價值，愛研究的杜老師讀到《雜阿含經》病相應經中差摩比丘的疼痛經驗，說自己「如獲至寶，開心極了」；之後幾章都提及病中比丘透過論辯法義，既可轉移對身體的注意力，也能因深入思辨作觀而有效紓解疼痛，而且各有次第相應法教，正是「以病者為中心」的照顧模式。第三章以電影《人神之間》為例，談法國神父到伊斯蘭世界傳教先研讀《可蘭經》，點出「各依所信、增深病人信仰」的重要；第四章關於佛、阿難、舍利弗探病的三種方便，則藏著溫婉柔順和當頭棒喝的權巧運用。至於以遊戲的心態研究病歷，並嘗試開發新的研究與教學法嘉惠來者，帶病生活後更能隨時珍惜隨時告別等等，在在都演示著：病只是病，人還是人的臨終莊嚴。全書流露出對佛陀教法的全然信心、對自己受病全然接納、於生命永不失望但又能隨時鬆手的明淨心態……，對

讀者來講，這本書確實是一份生命藏寶圖，是獨此一家的「杜正民經」，只要耐心依文索驥、按經推敲、如法實踐，必將獲得超越病苦與憂懼的指引。

此書短小，讀來風光清冽，彷彿見到一個不完全證悟的修學者，以病為師，用法作藥，奉 "Today is the last day of my life." 為圭臬，走出自家的終末道途。學者轉身成為病床上說法無礙的生命老師；感恩不相熟卻又相契的杜老師，燃盡今生最後的脂膏，化成文字般若，獻給後來者炯炯的光明。

生死學講師／讀書會帶領人

病中體驗，
佛法真實不虛

　　能有這本書問世，要感謝那場病。

　　2005 年杜老師確診罹癌，接著住院治療，由於那段期間，痛不可堪，才讓他開始從佛典中尋找答案，試圖了解佛陀如何教弟子面對生死。

　　生了病，他依然不改學者的性格，把自己的病當作研究對象；他不把自己當病人，而是觀察自己的病，每次就診完，他都會做記錄、看數據的變化，不過他倒不是把病當成佛學研究，而是在病中體驗佛法。《法的療癒》就是他的學習心得。

　　十年下來，他很樂觀也很踏實，如同他在書裡所寫的，抱著「把每一天都當作生命的最後一天」的心態來生活。

　　2016 年 10 月 16 日杜老師入院後，就再沒踏出

醫院了。安寧這段日子，對照他第一次住院，有非常非常大的差別。十年前，杜老師痛到寢食難安，當時他一直念《心經》，但也一直喊痛；這次住院，他還是痛，除了偶爾會說不舒服需要調整姿勢之外，他卻沒喊過痛。

從住院一直到捨報往生前，他幾乎每天都坐在窗邊喝茶，靜靜看著窗外，身體的不適，似乎無礙於他。之前我不懂為什麼他可以那麼從容自在地面對死亡，後來從編輯寄給我的文稿，反覆咀嚼老師的話，慢慢地我懂了──因為佛法，還有對法的信心，讓他沒有恐懼，如同經文所說：「心得解脫，法喜利故，身病悉除。」

最後那四十二天，有件事令人難忘，就是主治大夫賴允亮邀請杜老師給學生講課。或許是公文的作業流程繁瑣，遲遲沒有下文，有一天醫師巡房時問老師：「還有沒有心願未完成？」護理師淑真真的很能

體會老師的心情，從旁問了句：「是不是要為醫學院學生講一堂課？」沒想到老師竟露出許久不見的燦爛笑容！

他真的笑得好開心，那天下午杜老師坐起身來準備 PPT，護理師們還從病房的一角幫他拍照，因為他們很訝異老師怎麼變得那麼有精神，也感受到了杜老師那股想要把他對佛法的理解，與年輕學子們分享的熱切。

到了上課那天，杜老師其實很不舒服，護理師先幫他按摩緩解疼痛後，才坐上輪椅，推到一間比較大的病房講課。老師坐在沙發上，學生圍繞身旁聽講。坦白說，他已經沒什麼力氣了，但是那天卻講了整整兩個小時！一回到病房，老師攤在床上一動也不動，可以說他把生命最後的一點力氣都用上了。雖然累癱了，我想，他應該是心滿意足的。那是往生前一星期。

　　我常笑說，要老師打開話匣子，除了茶，還要有佛法。

　　杜老師經常給人木訥寡言的印象，那是因為他不曉得怎麼開口話家常，但如果話題轉到佛法上，他可以滔滔不絕，好幾個小時都停不下來。平常我們兩個在家，杜老師只要一有新發現，或者讀經讀出不一樣的心得，就會拉著我講個不停。這是杜老師分享佛法的熱忱。

　　我們相識四十多年，共同生活三十多年，但由於因緣不具足，一直到他生命的末期，我才真正開始接觸佛法，學習佛法。從杜老師臨終的自在，讓我體會到佛法是真實不虛的，也啟發我趕快跟上佛陀的腳步。記得書裡有一篇是佛陀教導叵求那尊者，如果臨命終時，有善知識前來說法，很好，如果沒有，就自行用功。老師就是這樣走過來的。杜老師也是一個凡人，我想，他可以做到，我們應該也可以做到。

　　杜老師這一生有兩個「孩子」，除了女兒 Karen，他其實還有一個悉心照顧的兒子，叫作《CBETA 電子佛典集成》。

　　老師的一生幾乎奉獻給了 CBETA，從 1998 年擔任總幹事開始，大大小小的事情都需要張羅，我從沒聽過他一句抱怨，有的都是開心的分享和無盡的感恩。老師最津津樂道的就是敦煌的故事，早期整條絲路只有一套《大藏經》，研究人員經常要往返石窟和研究所比對查證，曠日費時，後來有了 CBETA 的《大藏經》光碟後，只要手邊有一台電腦就搞定了，方便許多，省卻很多的往返車資及時間。類似的小故事，不勝枚舉，所以老師常說：「為了這張小小光碟片，再辛苦都值得！」

　　老師一輩子研究如來藏，最後十年則是親身體驗「法的療癒」，感恩法鼓文化果賢法師促成將這兩部分記錄出版，得以保存下來。而這本小書能與大眾

見面，很重要的推手是《人生》雜誌的常真法師和翠
谷菩薩，感謝他們的採訪整理，也感恩叢書部的同仁
悉心編校，讓《法的療癒》得以順利出版，和更多人
分享，利益更多人。

杜正民夫人

緣起

　　生、老、病、死是每個人都必須經歷的生命功課，學佛也正是為了學習參悟生死之道。如果面對病苦、面對死亡，我們無法用佛法來療癒自己、關懷親友，豈非辜負了佛，也辜負了自己？

　　杜正民老師於 2005 年年底確診罹癌時，雖能以平常心對待病苦，將住院治療當作「病禪十」，但是疼痛依然痛徹心扉，讓他不斷反覆參究：「佛陀如何教導人面對病痛與死亡？」因此，杜老師出院後，開始閱讀、整理《雜阿含經》的病相應群經、律部及大乘經典，從中體會「法的療癒」不僅是一種醫病的方法，也是一種修行態度和生活方式，讓人活出法味，踏上真正的心靈之路。

　　《人生》雜誌於 2015 年 12 月底，邀請杜老師

開設「法的療癒」專欄，介紹他研究《雜阿含經》病
相應群經的精華。由於生死應是很平常而實際的人生
課題，杜老師希望跳脫一般教學上課的理論呈現方
式，藉由茶話結合病中體驗的分享方式，來進行法
談，所以雜誌部常真法師與採訪編輯許翠谷便一週一
次在杜老師家裡訪談，並由許翠谷居士整理成文。

自 2016 年 1 月起，至 3 月中旬，共進行六次的
深度法談，杜老師總是知無不言，言無不盡，深刻、
完整地分享他如何以佛陀於《雜阿含經》所教導的方
法思惟病苦，超越苦痛，如數家珍地舉出經中的真實
故事為證。佛陀是大醫王，佛陀弟子能以佛陀教法為
藥方，解脫病苦、超越生死，我們依教奉行，定能體
驗佛所說法，真實不虛。

杜老師於病中體驗的珍貴法寶，於 2016 年 11
月起，開始於《人生》雜誌「法的療癒」專欄連載，
雖然杜老師僅只分享了《雜阿含經》，便於 2016 年

10 月入院，而未能再度出院，但他研究和推廣「法的療癒」願心，透過一手推動和建置的「法的療癒資料庫——佛教醫事文獻資料庫研究與建置專案」（http://dhd.dila.edu.tw/），相信將會持續幫助無數的人。

　　杜老師因罹癌初次住院時，曾大為感嘆萬冊藏書，竟找不到一本可隨身攜帶與閱讀的書，陪著他一起面對病痛和生死。而今，藉由《法的療癒——佛陀教我的 10 堂生死課》的出版，相信後人就不會再有這樣的遺憾了，有法為伴，一參生死！

法鼓文化編輯部

Contents　目錄

Chapter 1

我的痛，我的話頭

幾個月前，因為癌症復發，我的腹部持續而劇烈地疼痛，讓我不由自主地掉淚，甚至以為自己就要往生了。那種痛無法言喻，我開玩笑稱之為「轉身掉淚痛」，讓我想起了《雜阿含經》❶中差摩（Khema）比丘所說三種痛的覺受，也把我帶回十年前住院的日子……。

真實不虛之痛

2006 年 1 月，我因為身體確診為癌症而住院治療，住院期間，經歷了許多身心上的不堪，其中最無法忍受的，要屬身體的「疼痛」。

---

❶ 《雜阿含經》：原名《相應阿含》，原始佛教基本經典，是最接近早期佛經原貌的佛陀言論集。漢譯四部《阿含經》，包括：《雜阿含經》、《中阿含經》、《長阿含經》、《增一阿含經》，簡稱四部阿含，《雜阿含經》是其中最早成立的經典，保存原始佛教風貌。

那種痛的感受很深刻，記憶猶新。當時雖然也面臨死亡的威脅，但感受並不強烈，反而是那個痛讓我有瀕臨死亡的感覺。那種痛，是痛到無法坐、無法臥、無法睡覺，甚至痛到無法呼吸，幾乎是「在痛與痛之間搶呼吸」，實在無法用筆墨形容，也無法清楚地向醫護人員表達這種痛的感覺。只能說，苦不堪言。

當時我試著用禪修的方法觀痛，也提起心力念《心經》，但念著念著，只感受到我的疼痛，就如同《心經》所說，「真實不虛」！

那段期間，我不斷地問著：「到底佛陀是如何教導病危或臨終的人面對病痛與死亡？」這句話像參話頭❷一般，在腦海中盤桓不去。出院後，我開始搜

---

❷　參話頭：禪宗公案常有一個字或一句話，讓人參究禪法，稱為「話頭」。參禪以公案的話頭為用功方法，則稱為「參話頭」。

尋經典，試圖從中找到一般人可以依循的教導，以及病中可以實踐的方法。

後來在《雜阿含經》中找到一群經，叫作「病相應」，這些經文翔實記錄了佛陀探病、指導弟子面對病痛，甚至死亡的經過。簡直是如獲至寶，尤其當我讀到差摩比丘的故事時，好開心，沒想到經典中有人跟我有過同樣的感受！

痛，原來也有典範

那是《雜阿含經》103 經，經文大意是說：差摩比丘生了重病住在棗樹園，由陀沙比丘負責照顧。有一天傍晚，住在瞿師羅園的上座比丘們，想了解差摩比丘的近況，於是找來看護陀沙比丘代為問病，表達關懷之意。

一般問病的開頭是：「病情有沒有好轉？各種

疼痛不適的感受，是增加還是減緩？是否可以忍受呢？」差摩比丘回話：「我的病不但沒有好轉，而且疼痛加劇、沒有減緩，實在難以忍受啊。」接著差摩比丘開始敘述他的痛：

> 譬如多力士夫，取羸劣人，以繩繼頭，兩手急絞，極大苦痛，我今苦痛有過於彼。譬如屠牛，以利刀生割其腹，取其內藏，其牛腹痛當何可堪！我今腹痛甚於彼牛。如二力士捉一劣夫，懸著火上，燒其兩足，我今兩足熱過於彼。

　　讀到這裡，真是心有戚戚焉——「我今腹痛甚於彼牛」、「我今苦痛有過於彼」，沒想到有人可以如此貼切地形容我的痛。

　　值得一提的是，差摩比丘對痛的形容，後來成為經典中的典範。在《雜阿含經》裡，無論是出家比

丘或在家居士，談及生病的情節，只要形容痛，大抵
都會以這段描述為底本，而且這部經後來常被引述，
又稱為《差摩修多羅》、《差摩迦修多羅》或《叉摩
經》，可見差摩比丘可說是痛的代表人物。

　　不過上座比丘們可好奇了：難道差摩比丘忘了
佛陀曾經教導，要觀「五蘊❸非我、非我所」嗎？此
外，如果能觀五蘊非我、非我所，就是漏盡阿羅漢❹，
為什麼差摩比丘能觀五蘊非我、非我所，卻說自己不
是漏盡阿羅漢，而且還會疼痛不堪呢？

---

❸　五蘊：蘊又譯為陰或聚，意為積增聚合，所以五蘊也稱五陰、五
　　聚。五蘊即色蘊、受蘊、想蘊、行蘊和識蘊，共同組合成人的身
　　心世界。

❹　漏盡阿羅漢：漏即煩惱，漏盡是煩惱已盡，解脫輪迴。聲聞修行
　　證得四種果位：初果須陀洹、二果斯陀含、三果阿那含、四果阿
　　羅漢。初果已入聖者之流，僅於人天七次來回生死，得證阿羅漢
　　果。二果最長人天一次來回生死，即解脫輪迴。三果阿那含譯為
　　不來，不再來欲界受生死。四果阿羅漢，譯為殺賊、應供，是一
　　切煩惱永盡的解脫聖者。

發現法的療癒

　　於是比丘之間展開了一場精彩的問答，陀沙比
丘充當中間人，來來回回傳話，可是雙方似乎各說各
話，沒有交集，最後差摩比丘提振起一股為法論辯的
心力，取來拐杖，拖著虛弱的身體，親自面見上座比
丘們。

　　比丘間的對談，不是禮貌性的寒暄問候，而是
充滿法談的意趣。

　　他們從觀五蘊非我、非我所，到深細的煩惱，
如我欲、我慢、我使的生滅，共同地一一觀照、檢
核，結果不僅解開上座比丘的疑惑，差摩比丘竟也因
此「心得解脫，法喜利故，身病悉除」！

　　乍讀之下，實在不可思議，對我而言更是一大
鼓舞，因為這就是法的療癒！我想，差摩比丘並不見
得是身體的病完全好了，而是祛除我執，釐清自己的

生命觀之後，身體的病痛大概就不成問題了，就像他原本痛到不能自已，但是悲心一起，分享佛法的熱情來了，竟可以拿起拐杖出門論法去了。

讀這部經很像在看一齣戲，也像在聽音樂，主旋律是「我」，而瞻病者陀沙比丘，在差摩比丘和諸上座比丘之間來回傳話，就像副歌，一再重述，因為當時沒有文字，傳話者複誦彼此的話，如同反覆熏習法義。差摩比丘和上座比丘們論法時，也不只是口頭上的討論，而是一邊口述，一邊引導操作，例如，提到「非色是我，非我異色」，大家就一起向內觀照色法的生滅，提到受、想、行、識時，也是如此。經文讀來很短，但內含實修的過程。

佛陀時代的修持，大多以五蘊六根❺為所緣，教法透過師徒、比丘之間口傳心受而流傳，自從文字出

---

❺ 六根：即六處，指眼、耳、鼻、舌、身、意等六種感覺器官。

現之後，我們的所緣反而變成文字，誦經也逐漸演變成口語的背誦，而非觀心方法的操作了。

　　差摩比丘的故事顛覆了自己許多根深柢固的想法，我們常被病給困住了，因而感到悲觀、覺得自己無用，沒想到這部經卻由病人親自說法，分享病中體會，最終還幫助了上座比丘們離諸塵垢，得法眼淨❻。

　　現在想來，人生能有這樣一段「痛」的體驗，也滿有意思的。一直以來，我都是在學術的象牙塔裡，圍繞在佛教文獻與資料建構的研究，直到遇上這場病，才讓我回過頭來，更貼近自己的生命，也重新思考，學佛二、三十年來，自己到底學了什麼？佛陀教法的核心又是什麼?!

───────────

❻ 法眼淨：法眼是能夠觀察真理，沒有障礙與疑惑的智慧之眼。證
　　得初果以上的聖者，所得到的清淨法眼，稱為法眼淨。

宛如一串珍珠：《雜阿含經》病相應經

　　在《雜阿含經》裡有一群經，印順法師會編名為「病相應」，這些經文翔實地記錄了佛陀探病、指導弟子面對病痛，甚至死亡的經過。這群經位於《大正新脩大藏經》或《CBETA 電子佛典集成》第 2 冊阿含部《雜阿含經》的第 1023 至 1038 經及其他諸經，大約有二十餘經，大多是描述佛弟子因為病痛甚難忍受，於是佛陀為這些生病的尊者、新戒比丘等出家眾，以及長者、婦女、童子等居士說法。

　　十年前，當我第一次確診為癌症且必須住院治療時，徘徊於上萬冊的研究藏書前，竟找不到一本可以隨身閱讀的書，甚為驚訝！一生閱讀無數，身邊竟然沒有一本可以陪我面對病痛的書。因此當我讀到「病相應」

群經時，如獲至寶，後來查對巴利文本時發現，這群我視為理所當然的經典，竟分散在巴利相應部的各相應中，而不像漢譯《雜阿含經》將之集為一聚，因此更覺這群經的珍貴與重要。

　　曾經有段時間，這群經是我每天的定課，文字輕薄短小，但反覆咀嚼，總能嘗出不同的法味。這陣子，我再度面臨生死關頭，重讀病相應經，除了感恩在有生之年，能有這群經陪我面對病痛與生死之外，由衷希望這份寶藏能與更多人分享。

──原刊於《人生》雜誌399期（2016 年11月）

Chapter 2

病歷表的奧祕

　　法鼓文理學院目前有個專案小組，正著手建置「法的療癒」資料庫，這個資料庫的發端，來自於我的病。

　　十年前發現罹癌、住院治療，讓我開始對「病」產生了興趣，當時，因為想要了解自己的病情，於是請醫生讓我看看病歷表。一開始摸不著頭緒，也不了解病歷表的邏輯，經過一番推敲研究後發現，西醫書寫病歷的模式 SOAP（Subjective-Objective-Assessment-Plan）竟和佛教的四聖諦 ❶「苦、集、滅、道」有異曲同工之妙。

---

❶　四聖諦：為四種轉凡為聖的真理：苦諦、集諦、滅諦、道諦。諦是真實不虛的真理，四聖諦能讓人滅除煩惱得解脫自在。苦諦是人生的種種苦惱，集諦是苦的原因，滅諦是滅除苦的原因，道諦是滅苦的方法，修持八正道，可滅眾苦得解脫。

讀經新方法：SOAP

西醫的病歷記錄包含四個步驟：

S（Subjective Data）：自覺癥候，包括病人主訴、症狀、發病時間及個人病史。

O（Objective Data）：檢查發現，包括診療發現及各種檢查報告。

A（Assessment）：診斷評估，即診斷（Diagnosis）或臆斷（Impression）。

P（Plan）：治療計畫，包括各種處置、醫令或處方。

S是因為身體不適，感受到苦，所以到醫院找醫生，描述自己生病的過程；O是客觀的檢驗報告，找出生病的原因；A是評估可以進行哪方面的治療，大

概能治療到什麼程度；P 是開始執行方法，包括手術
或吃藥，以達到滅除病症的目標。這不正是苦、集、
滅、道嗎？

　　從四聖諦來理解 SOAP，一切豁然開朗。雖然還
在住院，但玩興大起，一邊讀經一邊手繪「經文病歷
表」。出院後，將病相應經的內容一一建檔，包括佛
陀探病的時間、地點、對象、看護人、病徵、對治
方法等，至於病歷號碼就採用《大藏經》編號，例
如 T2.99.1023，T2 是《大正藏》第二冊，99 是《大
藏經》中《雜阿含經》的編號，1023 代表「第 1023
經」，因此不用擔心編號重複，加上這組號碼還可對
應 PTS《巴利大藏經》，可說是非常國際化。

　　相反地，藉由 SOAP，一般人也能理解苦、集、
滅、道，尤其有了這張「經文病歷表」，解經時，便
可依照不同的需求，將欄位排序，進行比對、分析。
若與經文內的各種訊息結合運用，讀起經來會很有

意思。

　　在整理、歸納的過程中，我發現佛陀探病的時間大致分為兩個時段：假如聽說有居士生病了，佛陀便會利用清晨入城乞食的時間前往慰問，如果沒有特殊的事情要辦，就返回精舍用餐。下午則是僧眾之間的交流，經文常形容佛陀「晡時從禪覺」，「晡時」是下午 3 點至 5 點，這段時間通常是僧眾互動、交流的時間，佛陀會去探視生病的比丘，或者弟子們也會到精舍向佛陀請法，由此來看，「晡時」成了了解僧眾生活的一個關鍵詞彙。

　　若以病患的身分來排序，則可看出佛陀教學的技巧與次第。對於初入門的居士，佛陀會提醒三蘇息法❷，接著再根據個人的身心狀況及修行程度，一法一法地累加，如四不壞淨❸、五喜處❹、六隨

---

❷　三蘇息法：即皈依三寶，也就是依靠「佛、法、僧」。

念❺等。針對出家眾，多側重五蘊非我、心解脫❻、慧解脫❼等，其中對年少比丘和尊者比丘的教法又有差異。

　　經由上述的分類與排序，原本零散、各別獨立的經文，得以前後呼應，而且佛陀對治病苦的方法及其教學次第，一目瞭然。

---

❸ 四不壞淨：又稱四不壞信，為堅定對佛、法、僧、戒的四種清淨信心。不壞指不退轉，淨是清淨，四不壞淨是初果聖者的成就之一。

❹ 五喜處：又稱五喜，即念佛、念法、念僧、念戒、念施。

❺ 六隨念：又稱六念、六念處、六念法。即五喜處加上念天。

❻ 心解脫：指心從一切束縛中得到解放，解脫之當體即為心，而稱心解脫。相對於以無漏慧得解脫的慧解脫，是依定力而於定障得解脫。

❼ 慧解脫：指僅由無漏智慧力斷除煩惱障，而得解脫證阿羅漢果。如能同證心解脫與慧解脫，定、慧自在，則稱為俱解脫。

《大醫王經》的啟迪

　　之後，於《大醫王經》（《雜阿含經》389經），也發現與 SOAP 的思維模式如出一轍。佛陀說所謂的大醫王（良醫）要具備四種條件：「一者善知病，二者善知病源，三者善知病對治，四者善知治病已，當來更不動發。」色身生病了當然要看醫生，但醫生能否解決生命解脫的問題？不一定。

　　「把病交給醫生，把命交給佛菩薩（或者是自己的宗教信仰），如此一來，自己就是沒有事的健康人。」聖嚴法師經常如此勸勉病人，身與心是相互影響的，很多病都是心病引起的外相，這段話正好呼應《大醫王經》的內涵。

　　《大醫王經》指出，佛陀不僅具備世間良醫的四種條件，同時還以「苦、集、滅、道」四諦療眾生病，「於生根本知對治如實知，於老、病、死、憂、

悲、惱、苦根本對治如實知，是故如來、應、等正覺
名大醫王」。

　　法的療癒就在這裡。坊間常談佛教醫學，但大
多回歸醫療而非佛法，究竟佛法的終極目標與對治身
體病痛的方法有什麼不一樣？在醫療的基礎上，佛法
可以做些什麼？療癒什麼？

　　《佛說無常經》❽說，由於老、病、死這三件
事，佛陀出現於世，為諸眾生說所證法及調伏事。但
證什麼法？調伏什麼事？《無常經》裡並未說明，倒
是回到阿含，循著經文脈絡，慢慢去看到佛陀如何
開導我們面對疾病、死亡，調伏內在深層的恐懼與
不安。

　　讀到這裡，對我而言是很大的震撼，學佛必須

---

❽　《佛說無常經》：又稱《三啟經》，述說人生無常，老病死之難
　　免。佛陀讓弟子們為往生者誦念《無常經》，以此加深他們對無
　　常的體悟。

先掌握核心要義，但修行路上我們經常會不小心落入
枝微末節，以我自己來說，直到這些年經歷罹癌、
復發、進出醫院，才發現自己陷在教理哲學的研究
太久，而忽略佛陀的根本教法。也才深刻體會悉達多
是這麼敏感而敏銳的一個青年，四門出遊，看到老、
病、死的示現，及所帶來的煩憂，就能拋下一切立即
展開生命的追尋。

讀經筆記

經文病歷表實作

　　講完 SOAP，通常我會從阿含或律典中找出相關的一些探病問診的個案，請學生實作。練習當醫生，從病者的身上找出問題的癥結點，看看佛陀如何給藥？為什麼這個藥有效？佛法的癒後和一般醫學的預後有什麼不同？

病歷表　　　　　　　NO：T2-99-1030

病人資訊	姓名	給孤獨
	性別	男
	年齡	長者
	職業	居士
	住址	舍衛城自家房舍（看病地點）

醫護者資訊	主治醫師	佛
	探訪時間	晨朝次第乞食時
	佛住所	舍衛國祇樹給孤獨園
	看護人員	
症狀與治療（苦集滅道與SOAP）	S主觀陳訴（自覺徵候）：苦dukkha	
	病	令身極苦痛之病
	疼痛	難以忍受，而且只增不減
	病人或照護者或旁人所關心的問題（死後）	
	O客觀陳訴（檢查發現）：苦之集dukkha-samudaya（醫生的觀察）	
	得病後，身極苦痛難可堪忍，漸退失對佛、法、僧、戒成就的信心。	
	A診斷（診斷評估）：苦之滅dukkha-nirodha（醫生的評估）	
	令病者生起信心，堅固學習經修行可得之成就。	
	P診方：苦滅之道dukkha-nirodha-gā minī-patipadā	
	採用的醫方／法門：修習四不壞淨（信）	

癒後	1. 癒後狀況 長者白佛：「如世尊說四不壞淨，我有此法，此法中有我。世尊！我今於佛不壞淨，法、僧不壞淨，聖戒成就。」 2. 授記（entering the stream）與所斷分結的關係 佛告長者：「善哉！善哉！」即記長者得阿那含果。

Chapter 3

你的生命觀是什麼？

　　最近有個夜晚，我無法集中精神，不能看電腦，書也讀不下去，病中的人大概都有過類似的經驗，頭腦渾渾噩噩、想睡也睡不著，於是找了一些電影來看，其中一部是法國電影《人神之間》（*Of Gods and Men*）。

建立生命觀，無有恐懼

　　這部電影是根據真實故事改編，描述八個法國神父在阿爾及利亞傳教的故事，神父為了融入當地，研讀《可蘭經》、運用《可蘭經》的教義和當地居民交流，後來遇到聖戰士發動戰爭，小村寧靜的生活受到威脅。夾在生與死之間，神父們開始有了動搖：「我們就像枝頭的鳥兒，不知該不該飛離這裡……。」聽出弦外之音，村民無助地回應：「我們才像鳥群，你們是樹枝，你們一走，我們就沒有立足

之地了。」

後來神父們決定留下來。一般人會覺得很傻，因為根本是死路一條，但這個抉擇流露出人對人的真情，以及對信仰的堅定。影片最後，神父們圍坐一圈，導演運鏡捕捉每一個神父的臉部表情，充滿慈愛，沒有恐懼，坦然面對死亡。

這讓我反思，佛教的死亡觀是什麼？

從小到大，我們參與一般民俗的喪葬儀式充滿禁忌；道士作法、哭哭啼啼，陰森恐怖的畫面根深柢固，因此面對死亡會害怕恐懼。聖嚴法師說：「死亡不是喜事，也不是喪事，而是莊嚴的佛事。」假如一個人的死亡觀、生命觀很清楚，他會用一種從容、擁抱、包容的態度，與眾生、與生命、與死亡在一起，沒有二分法，就不會有恐懼，這點我們從給孤獨長者身上可以清楚看到。

居士的典範：給孤獨長者

　　有關給孤獨長者生病的故事，許多經典皆有提及，《雜阿含經》病相應經收錄了三則，分別是佛（1030 經）、阿難（1031 經）、舍利弗（1032 經）探病的經過，內容不盡相同，但都是以 1030 經為骨幹來開演。經中記載，佛陀聽說給孤獨長者生了重病，於是一早入舍衛城托缽後，便前往探病。長者遠遠地看見世尊，便要起身迎接，佛陀體恤長者，請他不用起身執禮。

　　在病相應經中，探病、問病皆有公式可循，通常探病的一方會詢問：「身體還好嗎？有沒有好一點？還是更難過了？」病者也會藉機訴苦一番：「甚苦，世尊，難可堪忍！」接著便依 103 經差摩比丘所形容的三受❶來說出：「苦受但增不損。」

　　佛陀聽了，隨即切入正題，提醒長者：「當

如是學：『於佛不壞淨，於法、僧不壞淨，聖戒成就。』」長者很有信心地告訴佛陀：「是的，世尊，我有此法，此法中有我……。」佛陀聽了，便為長者授記得阿那含果。

　　這一段經文讀來讓人信心大增，佛陀為長者授記，說明了只要我們依止、受學四不壞淨，就可以入流（入修行之流），就有機會證果。四不壞淨是佛教徒修行的基礎，也是走向解脫道的起點，往後的經典（1033 經至 1038 經）針對居士所提及的修行方法，也都是以四不壞淨為基礎，而再累加，因此這部經可說是居士病中修行的典範，其地位在病相應經群中，猶如《差摩比丘經》。

---

❶ 三受：這裡的三受是指差摩比丘對痛的形容：「譬如多力士夫，取羸劣人，以繩繼頭，兩手急絞，極大苦痛，我今苦痛有過於彼。譬如屠牛，以利刀生割其腹，取其內藏，其牛腹痛當何可堪！我今腹痛甚於彼牛。如二力士捉一劣夫，懸著火上，燒其兩足，我今兩足熱過於彼。」

三寶為依歸

　　接下來的 1031 經是阿難探病。佛陀探病通常不談死亡，也不說命終之後往生何處，但阿難似乎比較了解一般人的心情，他聽完長者敘述病苦後，先寬慰長者：「勿恐怖！」接著告訴他：「沒有信仰的人，對自己的生命觀不確定，所以會恐懼擔憂，也會擔心命終、後世的問題。但是你不一樣。你皈敬三寶、戒行圓滿，信行具足。」換句話說，不信已斷、已知，確立了生命觀，就沒有恐怖、命終、後世苦的問題。

　　聽到阿難的肯定，長者回應：「對呀，我有什麼好怕的呢！二、三十年前，我從王舍城寒林中追隨佛陀修學，就對佛、法、僧建立了深厚的信念，而且家中的財物也都拿出來供養、布施。」從經典中我們知道，給孤獨長者第一次聽說有個覺悟者在王舍城說法，隨即從舍衛城出發，徹夜馬不停蹄，只為了趕快

見到佛，向佛請法。回首來時路，那種求法若渴、對三寶的信心，始終如一，讓人讚歎！

1030、1031 這兩部經教導的內容雖然都是四不壞淨，但佛陀著重於信念的落實，阿難則是以溫婉的手法，幫助長者回顧生命，提起信心。

no death, no fear

1032 經是舍利弗聽聞長者重病，約阿難一起去探病的故事。與前兩經最大的差別，在於舍利弗不談四不壞淨，直接帶領長者於病中作觀。

「當如是學，不著眼，不依眼界生貪欲識……。」尊者教長者先從「六根」：眼、耳、鼻、舌、身、意觀起；再延伸至六根所對應的外境，不執著於「六塵」：色、聲、香、味、觸、法；接著進入身體的結構「六界」：地、水、火、風、空、識。

　　值得注意的是，六界不是物質，而是一種性質、一種型態，以「地」來說，就是練習去感受「像地一樣堅硬」，從上下牙根、頭骨、頸椎、肩胛骨等，還有，只要結成塊狀的，如五臟六腑都是。觀想時應避免落入物質體，而是感受其性質。

　　從身體結構逐漸了解這六種性質所構成的「色」，再加上受、想、行、識這五蘊和合而有「我」的形成。如此一個步驟一個步驟地操作，從六根、對境、身體結構、心理結構，一步步祛除執著。

　　隨著舍利弗的引導作觀後，長者忽然悲嘆流淚。陪同探病的阿難看到了，就問：「你是不是感到害怕？」長者搖頭：「不是，我不害怕。只是我跟隨世尊二十多年來，不曾聽聞尊者說如此甚深妙法！」這時，給孤獨長者便主動為大眾請法，他告訴舍利弗：「其實，許多在家居士對於佛法僧三寶有堅定深厚的信心，但是因為沒有機會聽聞甚深妙法，一旦遇

到瓶頸或障礙，就容易生起退心。所以尊者您應該多多為居士說深妙法。」

為居士請法這段話很重要，或許可視為一個分水嶺，以往佛陀只有對出家眾才會指導觀四大、五蘊非我的方法，在家居士則是以三蘇息、四不壞淨、五喜、六念為主，而給孤獨長者接受舍利弗的指導，說明了在家居士也能修持深妙法。

病相應經群中，令我感觸最深的就是這一部，記得第一次讀到「時，給孤獨長者悲嘆流淚」，竟跟著流下感動的淚水。長者面對病痛死亡毫不怯懦，帶動我去反省，學佛二、三十年，我學了什麼？只是表面文字？還是如法修持？身為一個在家居士，面對病與死亡，我該怎麼做？我的生命觀又是什麼？

讀經筆記

◆

你，皈依了嗎？

「自皈依佛，當願眾生，體解大道，發無上心⋯⋯。」皈依三寶是學佛的基礎，但我們經常念著念著就過去了，從給孤獨長者的身上，我才發現自己對於早晚課的輕忽。

佛法僧，在阿含時代，稱為「三蘇息法」assāsaniyā dhammā，也就是安慰的方法。皈依三寶，是從自己做起，清楚佛的功德、佛所教的法的德用、帶領我們學習的僧侶的德用，也就是對佛、法、僧的信任，就可以準備進入佛所教的法門了，所以三寶是入門的基礎。此外，還要「聖戒成就」，前三者為信，後者是行，也就是根據三寶的教導來實修。

有次禪修，我突然體會到皈依三寶，並不是為了自

己皈依，而是為了眾生。身為老師，我的責任就是帶著
學生來體驗佛法、體解大道，接著學習如何深入經藏。
而體解大道、深入經藏的目的，正是為了服務大眾。當
我們開始將四不壞淨內化為生命、生活的一部分，會發
現自己不一樣了，因為清楚了知佛、法、僧的德用，不
是迷信，而是來自於三寶對於自己、對於眾生的啟發。
祝福大眾「淨信具足、聖戒成就」。

——原刊於《人生》雜誌 402期（2017年2月）

Chapter 4

病中恐懼，洞見我執

　　我習慣一早起床做法鼓八式動禪，細細體驗
「身在哪裡，心在哪裡」，讓自己的心安定下來，接
著就用這樣的心情展開一天，同時也看看自己能維持
多久。生病之後，我常在想，當病情加重或臨命終
時，我的心還能不能維持這樣的平靜與安定呢？《雜
阿含經》1024 經尊者阿濕波誓（Assaji）的故事，正
好讓我檢視自己放不下的是什麼。

　　那是發生在舍衛城的事。當時阿濕波誓生
了重病，住在東園鹿母講堂內，由尊者富隣尼
（Punniya）負責照顧。一天，佛陀結束下午的禪坐
後，來到鹿母講堂探視阿濕波誓。阿濕波誓遠遠看見
世尊的身影，便準備起身迎接，佛陀見了便要他安
住，別起身執禮。

從恐懼中了解自己

　　進屋坐定後，佛陀問起阿濕波誓的情況。問病過程，一如《雜阿含經》103 經所述，阿濕波誓的疼痛有增無減。聽完阿濕波誓的描述後，佛陀接著問：「汝莫變悔！」意思是：「你感到懊悔不安嗎？」變悔，在巴利文有幾個意思，主要是指曾經做過不當的事，例如犯戒，或者該做的事沒有做得很好，因而感到遺憾。

　　對於這個問題，通常比丘的答案都是：「沒有，我沒有什麼好後悔的。」但阿濕波誓卻說：「有！我實有變悔！」這個答案出乎佛的意料，於是追問：「莫非你破戒了嗎？」一般而言，犯戒或道德上的缺失，會讓人心生慚愧、感到不安，尤其在重病或臨命終人身上更容易看到。但阿濕波誓搖搖頭說：「我沒有破戒。」

　　這話聽來有意思，既然沒有破戒，為什麼會覺得遺憾、懊悔呢？「世尊！還沒生病時，我經常禪坐，而且都能入三昧❶，感受到身心的輕安自在。如今卻很難進入三昧的狀態。莫非我的定力退失了嗎？」

　　這段對話給了我們一個很好的提醒：在慰訪、關懷的過程中，不急著給意見或想法，而是去傾聽，從病患的主訴中，或許可以聽出一點弦外之音，了解對方真正在意的是什麼？有的人是放不下家人、有的人擔心往生之後，將投生何處？阿濕波誓在乎的，不是身體的病痛，而是退失定力。

---

❶ 三昧：又稱三摩地，意為等持、定。即將心定於一處，讓心不散亂的一種安定狀態。

斷除貪、瞋、癡才是關鍵

　　清楚問題的癥結之後，佛陀接著從色、受、想、行、識五蘊，引導阿濕波誓作觀：「阿濕波誓，汝見色即是我、異我、相在不？」

　　所謂「色是我」，就是將色當作我；「色異我」，是認為「色有別於我，但它是我所擁有的」；「色相在」，意思是指「我在色之中，或者色在我之中」，因此「五蘊是我、異我、相在」的組合，代表了二十種身見，是阿含經典中常見的主題，透過觀照五蘊非我、非我所、不相在來破除我執。

　　結果，阿濕波誓的回答都是否定的，可見他很清楚五蘊和合的我，是變幻無常的。佛陀不解：「阿濕波誓，你既然不見色是我、異我、相在，不見受、想、行、識是我、異我、相在，為什麼還會感到懊悔呢？」

阿濕波誓回答：「世尊！因為我不正思惟。」

正思惟（yoniso manasikāra）在此是指「如理思惟」，也就是提起正念，讓心與四聖諦、三法印❷相應，不起貪欲、瞋恚、害心等的活動。言下之意，阿濕波誓因為生病，雜念太多，無法如理思惟，所以才會產生定力退失與否的得失心。

佛陀接著教導阿濕波誓，那些以入定為修行核心的沙門、婆羅門，一旦無法入定，也不應執念於自己退失定力。學佛修行的人（聖弟子）不以五蘊為我、我所有、相在，更應該清楚覺知：貪欲、瞋恚、愚癡才是需要根除的對象，唯有當貪欲、瞋恚、愚癡連根拔起、完全斷除，才能真正達到心解脫、慧解脫。換句話說，入定固然有其修證上的意義，但不起

❷ 三法印：諸行無常、諸法無我、涅槃寂靜稱為三法印。印有如世間印信，用為證明，而名法印，可以三法印印證各種說法是否為正信的佛法。

貪、瞋、癡，才是究竟解脫的關鍵。

隨著佛陀的教示，阿濕波誓將心念放在覺知五蘊無我和貪、瞋、癡永盡無餘的解脫上──祛除了我執、貪著，心得解脫，歡喜踊悅，身體的病痛也跟著消失了。看到阿濕波誓歡喜愉悅，佛也就起身離開了。

阿濕波誓的轉變，讓我體會到，臨命終人很需要一個善知識，法師或居士都好，幫助病人提起正念，看見自己內心的恐懼與執著，進一步對症下藥，讓心能夠維持平和、寧靜的狀態，這也是我對三昧的理解。

體驗生活中的三昧

三昧（samādhi），一般翻譯為「止」或「定」，其實梵文的原意是「等持」，也就是維持心的平靜。

　　我認為不一定要把三昧當作很高深的狀態，也不見得要一次就達到非常深細的定，而是漸進式的，讓心維持平靜一段時間，接著又向上提昇一點，再維持一段時間，當你的工夫愈好，維持平靜的時間就會愈長。

　　我一直希望活在佛法裡，將佛法的無常、無我觀念帶入生活，佛法與生活不是斷然的二分法，在生活中就能體驗三昧，而不是只有在蒲團上。所以我很喜歡一早做八式動禪，做完之後，心念維持在一個喜悅的狀態，這個喜悅，不是感官的享受，而是心的平靜。每天提醒自己維持這樣的境界，對我來說就是三昧的練習。

　　讓心念維持穩定的狀態，至少不要有太大的波動，否則就會產生苦和集；如果能提起正念，就沒有苦和集了。苦是表面現象，集是現象背後的因，如果能清楚分析苦生起的原因，就能對症下藥，也會很清

楚最後的終極目標是什麼。

　　我們因為設限，一般人會落入常見與斷見，「常」是永生，「斷」變成沒有希望；從佛法的角度來看，生命是無盡的，不能只看今天，也不能只看這一輩子，還要看到過去、現在、未來，而且到最後你會發現沒有時間沒有空間。如果可以建立生命是無限的人生觀，就不會限縮在一個時空裡，修行最重要的，是走到生命最終，心還能不能維持平靜。這不只是病人或臨命終人，而是每一個人都需要的。

—— 原刊於《人生》雜誌403期（2017年3月）

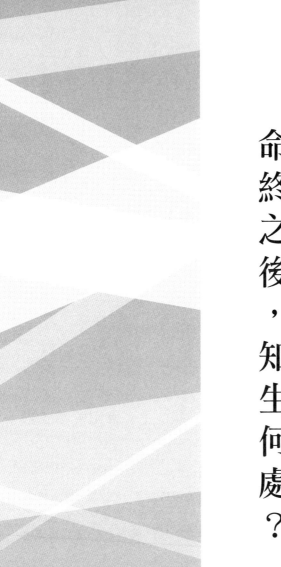

Chapter 5

命終之後，知生何處？

　　「人死了以後會去哪裡？」是許多人從小到大
的疑惑，早年醫藥不發達，只要檢查出癌症就像是宣
判死刑，第一件事就是要面對自己的往生。我的病雖
然沒有立即死亡的威脅，卻備受「痛」的折磨。在痛
和生死的交錯中，自己一直在思考：如果佛陀在世，
他會怎麼回答這個問題？怎麼教我們面對病苦和死
亡？《雜阿含經》1025 經❶，正好有個年少比丘提
出了這個疑惑。

　　這個比丘很年輕，剛出家不久，對佛法不是很
精通。在我看來，我們就像年少比丘，稍微懂得一
些佛法，稱不上專業修行者，但也不是全然的門外
漢，因此我很好奇，在這樣的狀況下，佛陀會怎麼開

---

❶ 病相應一共有三部經談年少比丘，1025 經至 1027 經，有人認為
　是三個不同的比丘，但從學術的角度來理解，應是同一部經的不
　同描述，以 1025 經為主軸，1026 經、1027 經為 1025 經的補充說
　明。

導他？

細細讀經，感同身受

　　根據經中描述，舍衛城裡有個年輕比丘生了重病，經文形容他「年少新學，於此法、律出家未久，少知識，獨一客旅，無人供給」。「少知識」有兩個說法，一個是承接上一句，意味他對佛法懂得不多，另一個說法則是連接下文，由於被人認識得不多，所以獨自住在客僧房中。重點是，沒有人照顧他、供給生病所需。

　　一天，比丘們向佛陀提起這件事，紛紛感嘆：「有是病比丘多死無活。」由於當時醫藥不發達，病重到某個程度，存活的機率也就不高了，於是比丘們請世尊前往關懷。

　　那天下午，佛陀結束禪坐後，便前往探視。年

少比丘看到佛陀來了，正要起身迎接，佛陀連忙示意他：「別起身，比丘，你還好嗎？身體還受得住嗎？」接著經文便引述差摩比丘的故事：「廣說如是三受，乃至『病苦但增不損』。」

每次讀到「如是三受」，總覺得表達得太快、太簡略了，因為那個痛不是三言兩語可以形容，所以讀到這裡，我都會再一次回想 103 經差摩比丘的敘述，如此想過一回，就更能感同身受：原來這個年輕比丘也經歷了那樣的痛，而且病苦只會增加不會減少。

佛陀接著問他：「汝得無變悔耶？」變悔，類似懊悔，有點不太能夠放下的那種感覺。年少比丘說，他確實感到懊悔不安。佛陀便反問：「你不會是犯戒了吧？如果沒犯戒，有什麼好難過的呢？」

年少比丘沒有犯戒，他告訴佛陀：「我年紀輕，出家也不久，對於世尊所教導、超越世間的法，

以及勝妙知見，都還沒學通也沒有任何成就。我在
想：死了以後，我會去哪裡呢？」

「命終之時，知生何處？」便是關鍵字了。讀
病相應經會發現，絕大多數人關心的是這個問題，
不只病患，包括瞻病者，甚至其他比丘都有同樣的
疑惑。

佛陀答非所問？

佛陀看著年少比丘，問道：「比丘！有眼故有
眼識耶？」「於意云何？有眼識故有眼觸、眼觸因緣
生內受，若苦、若樂、不苦不樂耶？」有別於對尊者
比丘從五蘊切入，佛陀從眼、耳、鼻、舌、身、意六
根問起。

根、境、識的交互作用，是我們認識外界的重
要管道與媒介，因緣使眼根與外境（眼所對的是色）

接觸，在眼識產生辨別作用後，而產生各種覺受——苦、樂、不苦不樂。

從我們的眼根與對境相觸，然後在識產生作用，這中間沒有任何一個實體，所以我們的感受不是實有的，而是隨著因緣改變而有所不同，可能是愉悅、苦澀，或者沒有感覺。不論是苦受、樂受、不苦不樂受，都不是「我」所生的，而是因緣聚合而產生的。同理，耳所聽聞、鼻所嗅、舌所嘗、身體所觸、意所感，都是同樣的道理。佛陀要點出的是，沒有一個實體的我的存在。

接著，佛陀又問：「云何？比丘！若無眼則無眼識耶？」「若無眼識則無眼觸耶？若無眼觸，則無眼觸因緣生內受，若苦、若樂、不苦不樂耶？」假如沒有眼睛（眼根），是不是就沒有眼識的辨別功能？如果沒有眼識的辨別功能，對境就不可能有眼觸，而生起各種感受？

前一段，是從生起的現象來談，現在則反過來講滅的現象。原來佛陀要講的是生與滅的關係。可是，年少比丘明明是問：「命終之時，知生何處？」佛陀卻教他從六根去觀察生滅法，並叮嚀他：「當善思惟如是法，得善命終，後世亦善。」

仔細看佛的回答，還真是答非所問。但一讀再讀便會發現，其實是我們問錯問題了！

還有一個「我」

由於我們慣於把自己當作一個實體，執著於「我」的存在，才會去追問：死後「我」該怎麼辦？這類似於基督教死後要回到上帝或神的左右，而佛教根本不存在「命終之時，知生何處」這個命題，所以佛陀才會帶著弟子從眼、耳、鼻、舌、身、意，直接地去體驗生滅法。如果依此禪觀，反覆修練，最後一

定是善終。

1025 經這段經文，值得反覆咀嚼。我們的病起，也是因為有所執，執著在苦受，我自己便是如此，身體的痛對我來說是那麼「真實不虛」，但如果深入觀察會發現，苦受也是因緣所生，隨著因緣改變，前一刻和下一刻的感受都不一樣。死亡也是一個因緣，往生之後，我們的感官隨之改變，身心和感受，又是另外一個組合了。

經中，說完種種殊勝妙法，佛陀就離開了。在佛陀離開不久，年少比丘就往生了。這裡點出一個重要的觀念：並非世尊來探訪，病就會好。其實這也是我們的錯覺——將生命之流切割，以為只有這一世，所以才會在乎治療之後，病情會好轉還是變壞、病痛是否可以根除。

年少比丘往生了，但故事還沒結束。

不久，比丘們來到祇樹給孤獨園，向佛陀談起

年少比丘往生的情形，「諸根喜悅，顏貌清淨，膚色鮮白」，看來很吉祥，大夥兒更加好奇：「世尊，他究竟往生何處？」

佛陀聽了，只說：「這個往生的比丘是真寶物，因為他懂得我的教法，對於生死已經沒有恐懼。先前他之所以恐懼，是因為對生命現象不了解，對佛法不清楚，現在他不但清楚了解，無懼無畏，而且進入涅槃。」

這段話讓我再次深省：對於佛所說的法，是否真的清楚、踏實？唯有了解佛法真理、對生命現象無所畏懼，沒有後悔擔憂，這才是善終，既然能善終，來世必善，所以也就沒有「當生何處」、「云何受生」、「後世云何」的問題了。

如實修行，解脫自在

接下來的 1026 經，佛陀問病、開示，以及年少比丘往生的經過，都與前述的 1025 經相同，唯一不同之處在於佛陀最後的說法。

佛說：「假如這個比丘懂得思惟，並如實觀察：我此識身及外境界一切相，無有我、我所見、我慢繫著使，及心解脫、慧解脫，現法自知作證具足住」，那麼這名比丘在這一世就能「斷諸愛欲，轉結縛，止慢無間等，究竟苦邊」。換句話說，斷除貪愛，解開各種煩惱的束縛，止息那顆未曾間斷的慢心，就能不再受輪迴之苦了。

這段話，在經文中重複了三遍，主要是因為佛陀時代沒有文字，大眾聞法都靠口耳傳誦，因此佛陀一邊說法，弟子複誦，便是隨佛作觀，當下就在體驗佛所指導的教法。因此「如實修行」可說是 1026 經

的重點。

　　到了 1027 經，故事的開展稍有不同。佛陀在了解年少比丘是否懺悔之後，照例詢問他是否犯戒？

　　結果，年少比丘回答：「世尊，持戒很重要，但我並不是為了持戒而來修行的。」

　　佛陀聽了，很好奇：「那你為什麼要來跟我修梵行？」

　　比丘說：「我是為了斷貪、瞋、癡而來的。」

　　「沒錯，比丘，你就是應該為了離貪、瞋、癡而來修行的。」佛陀讚歎年少比丘，並告訴他：「貪欲纏故，不得離欲；無明纏故，慧不清淨。」修行，不只是為了斷貪愛，還有無明。因為有貪欲，所以被生死之流綁住，因為無明，所以慧不清淨。佛接著說：「於欲離欲心解脫，離無明故慧解脫。」如此才能真正達到 1026 經所說的「斷諸愛欲，轉結縛，止慢無間等，究竟苦邊」。

這段經文整理起來，次第便很清楚了：

離貪欲▶（修梵行）▶心解脫

離無明▶（知無我）▶慧解脫

1026 經雖然提及心解脫、慧解脫，但未深入說明，倒是在 1027 經做了補充。因此將這三部經合起來讀會發現，修行的次第和內容很清楚——1025 經是基礎，提出操作方法，1026 經進一步談解脫觀，並指出依此修行所能達到的境界，但解脫觀的內涵，則是到了 1027 經才說明白。

如是思VS如是修

往生的問題很實際，我們每個人都會遇到。病重、即將往生的人，該怎麼面對自己的去處？如果沒

有明確的答案，一定會很徬徨無助，但佛陀就是不談這些，他只是帶著病者，再一次提起方法，破除我執。

　　知識分子常偏重「如是思」而非「如是修」。思惟後還要實踐，「如是修」就是照著步驟，如實地做，但有些人操作到最後，反過來執著表面的方法，對於這些方法的目的、步驟的功能是什麼，並不清楚，所以「如是修」也要「如是思」，兩者環環相扣（circle）。

　　我剛開始接觸病相應經時，也不清楚其中的脈絡，只覺得內容很好。經過一段時間的探索與閱讀，細細咀嚼，愈來愈能體會其中奧妙。也因而深深感受到，如果只是快速翻閱，很難窺見佛法的堂奧，因此希望能將個人淺薄的體會與人們分享，一起深入經藏！

讀經筆記
—①—
善用六根，體驗生命的深度

　　讀年少比丘的故事，佛陀從眼根引導年少比丘，總會讓我想起音樂家凱文・柯恩（Kevin Kern）。

　　凱文・柯恩本身是弱視，他雖然看不清楚，但是當你描述森林時，他就彈出森林的感覺；談流水，他就彈出流水的感覺，他是用聽覺來帶入他所「看見」的世界，而以「視覺化的音樂」帶領我們去體驗生命的深度。

　　我第一次聽到他的音樂時，驚為天人，因為這是一個眼睛看不清楚的音樂家所體驗到的世界！往往我們被自己的感官限制，一定要有外境，才能描述外境的模樣，但對一個從小對於外境看得模糊的人，根據別人的描繪，從內心去抒發他的感受，反而更能引起共鳴。

　　所以讀年少比丘這則經文可以發現，從六根出發去感受的世界不是只有在經典上，而是現實生活中就可以體會。

　　我滿喜歡他的作品《風的迷藏》（The Winding Path），這張 CD 常被用來做禪修或瑜伽引導：

　　先在草地上打坐，用手觸摸草地，接著穿過一道竹籬笆走入小徑。沿著小徑來到溪邊，接著跨過小溪到彼岸。在對岸找到一塊大石頭，躺在石頭上看著天空的浮雲，感覺自己與山上的雲霧結合，在雲霧裊裊中找到小溪的源頭。經過一段時間的洗滌、沉澱之後，感受身心像絹布一樣，清淨無染。最後，帶著輕安的感受回到現實世界。

　　我經常一邊聆聽一邊觀想，後來我發現，這條溪邊小徑不就是法鼓山生命園區旁的藥師古佛步道嗎？而且這個練習還可以和禪宗的《十牛圖》相對應。以下是我的一點體會：

	曲目	練習	十牛圖
1	The Touch of Love	藥師古佛前「接觸大地」禮拜，步入藥師古佛步道	尋牛
2	The Way of the Stream	沿溪邊小徑，生命園區旁思索生死	見跡
3	A Million Stars	（女寮前）荷花池畔望天空	見牛
4	High Above the Valley	禪堂前溪邊大石上收心禪坐	得牛
5	Ancient Guardians	步入禪堂，開始打坐	牧牛
6	Cauldron of Healing	起坐，準備出堂	騎牛歸家
7	Filled with Light	禮佛出堂	忘牛存人
8	Through the Veil	如沐春風，走上開山觀音	人牛俱忘
9	Softly Falling	從開山觀音走下，到本來面目的大殿	返本還源
10	The Winding Path	沿著大殿前的迴轉階道，準備下山	入鄽垂手

讀經筆記
———②———
找到自己的生命觀與修行觀

　　讀病相應經時，比對漢譯與巴利文版本，會有一些出入。例如，1025 經最後，佛陀在年少比丘往生後，告訴比丘眾：「汝等但當供養舍利。」經中並記載：「世尊爾時為彼比丘受第一記。」巴利文版本沒有這兩句話。但我覺得這很符合漢傳佛教的思維，因為年少比丘是頓悟，所以佛授第一記。

　　無論阿含或巴利藏，離佛都有一段時間，佛的時代沒有文字，傳播、結集過程中，慢慢地會有所不同。據考證，漢譯阿含保存時間比巴利藏早很多，北傳經由各派，傳到中亞到中國，從漢末、南北朝以來一直有譯本問世，巴利系統則是到第四、五世紀，覺音論師做了整理後才有定本。

　　這兩個版本也引發我去思考：到底這樣的教法有什麼不同？佛對年少比丘與尊者的教法有哪些不同？

　　基本精神都是談無我，但對修行很久的尊者比丘，佛通常會從五蘊切入，年少比丘則從六根來談。依我個人來說，五蘊比較不像六根那麼直接，因為我們可以很快地從自己的眼、耳、鼻、舌、身、意去感受外境的變化，五蘊則是以六根為基礎，再去分色法和心法，這是另一個境界了。

　　另一個差異就是，對年少比丘的教法，佛會著重解脫的概念，我們之前讀過差摩、阿濕波誓等尊者比丘的故事，由於他們隨佛修行很久，已有這方面的基本訓練和概念，因此比較不需要去談解脫。但是對年少比丘的教說裡，我們看到佛會提醒解脫的觀念，因為解脫觀、修行觀清楚了，整體的生命觀才會清楚。

　　歷來，我們看到佛教發展出許多不同的修行方法，其實往往是生命觀不同，所以切入的角度不同。例如，

　　大乘佛教有唯識、中觀、如來藏三系，這是哲學也是生命觀——以識，或者以現象、佛性為主軸，對生命的認知不同，就會發展出不同的修行方法，所以對年少比丘或是一個修行不久的人來說，要先確立生命觀，生命觀確立之後，就很清楚他所要走的修行方式，也就可以知道，依此修行，他所能達到的解脫境界。

　　　　　——原刊於《人生》雜誌404期（2017年4月）、405期（2017年5月）

Chapter 6

你放不下什麼？

　　曾經在敦煌石窟裡看到一幅壁畫，是一個小孩子在玩沙，聚沙為塔，讓我第一次感受到原來佛法哲理不是那麼艱深，而是很平實的，很簡單的一幅畫就表達了《法華經》：「乃至童子戲，聚沙為佛塔，如是諸人等，皆已成佛道」的精要。

　　當小孩在玩沙時，那就是他的世界，不能破壞一角，一碰到它等於破壞了他的世界觀、宇宙觀，但是當他聽到媽媽說：「吃飯囉！」起身把它踩一踩就回家了，因為對他來講，那堆沙已經不重要了。

　　人就是這樣子，活著的時候很在意某些東西，電腦、手機、收藏品……，但往生時這些根本帶不走，可是活著的時候，萬一電腦中毒、手機壞了，還真讓人受不了。當我們全心投入那個狀態，會很執著那個當下；假如把生命拉長來看，其實最後也是踩一踩就走了，沒有什麼罣礙，滿愉快、滿瀟灑的。但不容易做到。

做好安排，仍有牽掛

　　這個寒假（2016 年 2 月）我出國去滿一個願，當時在想，假如這是最後一個過年，我想去澳洲看女兒，陪她一起過年。過年那幾天確實很愉快，散步、曬太陽、聽音樂，反而忘了痛。可是，過完年後變得很痛，由於寒假前已檢查出腫瘤腫大，所以當下以為是肝爆裂，覺得自己可能回不了臺灣了。

　　雖然出國前已經做最壞的打算，但那時候還是會擔心她們母女倆該怎麼辦？尤其在澳洲人生地不熟，要送醫，還是搭機返臺？她們會不會不知所措？

　　病相應經中有個長壽童子，他將往生時，掛念的不是自己，而是家人。這對我們來講是人之常情，但情感上的連結還是一種執著，所以身旁的人如何幫助臨命終人放心、放下，值得我們觀察與學習。

　　長壽童子的故事寫在《雜阿含經》1034 經，這

部經有幾個背景資訊需要先釐清：一個是身分，他名為長壽「童子」，一般會認為是年輕人，但也有可能是他從小就被叫作童子。漢譯本寫「長壽童子是樹提長者孫子，身嬰重病」，南傳版本則寫他是樹提長者的兒子，不叫童子而稱優婆塞，也就是長壽居士。

其次，這部經雖然是佛陀對居士說法，內容卻有所不同，一般佛會依循三蘇息、四不壞淨、五喜、六念，次第而教，這部經卻提出「六明分想❶」，而且漢譯本和南傳本的內容稍有不同，值得一探究竟。

六明分想，揭開修行次第

經文一開始，佛陀聽說長壽童子生了重病，

---

❶ 六明分想：明，指智慧；分，是要素、成分。六明分想是六種能成就智慧的觀察與思惟：無常想、無常苦想、苦無我想、觀食想、一切世間不可樂想、死想。

便趁著一早進王舍城乞食的時間，前往童子家慰問關懷。接下來問病、對痛的形容，一如《差摩比丘經》。了解情況後，佛陀便教童子當學四不壞淨，童子告訴世尊：「有啊，世尊，四不壞淨我都修得很好。」佛陀聽了很高興，教他接著修習六明分想：「一切行無常想，無常苦想，苦無我想，觀食想，一切世間不可樂想，死想。」

　　我將它分為兩個段落，無常、苦、無我是解脫的觀念，接下來的觀食想、一切世間不可樂想、死想，則是修行的方法。「一切世間不可樂想」、「死想」與面對病痛有直接關係，但為什麼先談「觀食想」？我感覺它是一種轉接，從人體的生理需求走入心理層面。

　　我們的身心都需要食物：粗摶食（日常的飲食）、細觸食（六根接觸外境）、意思食（思緒）、識食。這四種食物，除了粗摶食屬於生理上的需求，

其他都是心理需求，因此「觀食想」等於串接了修行
步驟。這些需求的生起都是因為貪愛，所以佛陀接著
教「一切世間不可樂想」，讓我們不再執著於世間，
而且還要做「死想」，也就是死隨念，知道無常，人
隨時會死亡，一切隨時都會有變化。

　　以上，便是六明分想：先了解諸行無常，無常
故苦，感苦是因為執著「我」這個實體、有所著，所
以接著從心意識著手，從生理到精神的觀食想，斷除
執著、捨棄，至此，對於生死應該就很清楚了。

佛法疏導，不害怕死亡

　　我也是在生病之後，慢慢體會到最後這兩個部
分。沒生病時，覺得人生很美好，好玩有趣的東西很
多，但因為病苦，發覺世間的一切並不可樂，只是
一個因緣現象；因為知道無常，所以對死就不會恐

懼。此外，我們一生出來就是走向死亡，而以佛法的觀點，一期一期的生命，沒有最早的源頭和最終的結束，由此，死亡觀愈來愈清楚，面對死亡會比較坦然一點。

回想小時候，看到喪葬隊伍就自動繞道，因為這個不能碰那個不能看，死亡似乎很神祕、很恐怖，即便成年後，進出殯儀館依然感覺不是很舒坦。我常想：假如有一天殯儀館變成遊樂場，我們是否可以用歡喜心送一個人到另一個世界，或是祝福一個新的因緣將要開始？

假如有佛法觀念的疏導，建立死亡觀、生命觀，慢慢會了解死亡並不是這個樣子。假如能了解老、病、死是正常的事，面對自己的病與死亡，可能就比較不會害怕。不過我也反省：在澳洲發病時，我對自己的生死看似坦然，但還是放不下家人，這部分和長壽童子很像，依然有罣礙。

瞻病者的引導

　　佛陀講完六明分想，長壽童子說，如世尊所說，這些我都懂也有練習，但是有一件事，我常念著：「我命終後，不知我祖父樹提長者當云何？」可見臨命終人，常常放不下的，不見得是自己，而是家人，當然自己可能對世間的種種樂想，還會有所執著，但長壽童子已經接受死想，他放不下的是家人。

　　「你不要擔心我。」這時候反而是祖父樹提長者講話了：「只管聽世尊的教導，將世尊所教的每個步驟，好好地思惟憶念，就能得到安樂。」

　　短短一句話，讓臨命終人放下，所以瞻病者也要引導臨命終人和身邊的親友練習，不要哭成一團。這裡提到的思惟、憶念，是修學佛法很重要的一環，這也是為什麼要學四不壞淨，從念佛、念法、念僧、念戒，逐漸養成習慣，從思惟法義，形成人生觀與行

動準則，這才是修行。如同聖嚴法師說，修行是修正
自己的身、口、意三業，就是從意業去思惟、修正，
然後表現於口和身。

　　接著，長壽童子便專注於這六個修行步驟：
「我於一切諸行，當作無常想……。」最後佛為長壽
童子授記斯陀含果。❷此經揭示了六明分想的次第和
修行步驟，以及當我們面對死亡時，如何放下牽掛和
不捨？在一旁照顧的人該怎麼引導，讓彼此沒有罣
礙？我也還在學習。

---

❷ 本經的南北傳版本，除了身分、教法不同，結果也不大相同。南
傳版本中，長壽童子在世尊離開後隨即往生，佛陀回到僧團，大
眾很好奇：長壽童子往生何處？佛陀告訴大眾：長壽童子對於我
教的方法都能實踐得很好，不起煩惱，斷了五下分結，所以授記
阿那含果。

讀經筆記

◆

從日常生活處起觀

　　這部經提到「觀食想」，是怎樣的一個理路作觀？

　　平時吃飯當然要保持正念，但這裡的食，不只是粗
摶食，必須四食合在一起理解，我們可以從《雜阿含
經》371 經來看。經中世尊告諸比丘：「有四食資益眾
生，令得住世攝受長養，何等為四？謂一、麤摶食，
二、細觸食，三、意思食，四、識食。」「此四食何
因？何集？何生？何觸？謂此諸食，愛因、愛集、愛
生、愛觸。」

　　為什麼會有四食？它們以何為本？因何而有？因為
貪愛。

　　吃，不只是滿足生理的需求，而是貪欲。所以觀食
想就是在處理我們生理上、心理上的貪著。佛陀從十二

因緣來看「吃」這個動作，同時與六入、觸、受的關係，「六入處集是觸集，觸集是受集，受集是愛集，愛集是食集」，換句話說，因為癡，所以產生貪愛，因為貪愛產生樂受、不樂受、不苦不樂受，受來自於觸，觸又與六根有關。「食集故未來世生、老、病、死、憂、悲、惱、苦集，如是純大苦聚集。」因為有四食，所以有老、病、死，這些都是從貪愛起。不過，了解四食的運作，是否就能立刻作觀？不一定，所以平常就該從飲食、觸受、思想、心意識（動念時）去觀察。

──原刊於《人生》雜誌406期（2017年6月）

Chapter 7

正念正智以待時

　　我們每個人每天都在老化，每個人都會生病，也都會面臨死亡，佛法如何回應這個普遍的現象？之前我們讀過尊者、年少比丘，以及幾位居士生病的故事，佛陀針對他們個別的身心狀況提出不同的修行方法，而《雜阿含經》病相應的 1028、1029 經中，佛陀開示的對象不是個人，而是一群比丘；換句話說，這兩部經談的是一個總則，是佛教如何回應普遍的老、病、死的狀態。

　　這一次沒有人前來請法，佛陀結束下午的禪坐後，自行走到伽梨隸講堂（gilānasālā）關懷生病的比丘。經文寫道：「時，有眾多比丘集於伽梨隸講堂。時，多有比丘疾病。」值得注意的是，「伽梨隸」是 gilāna 的音譯，過去我曾視為講堂的名稱，如鹿母講堂、大林重閣講堂等，後來查回巴利文才發現，gilāna 是「生病」的意思，可見佛陀時代就已經有專門提供生病比丘，一起居住、接受治療的地方了。

教法的核心：正念正智

面對一群生病、甚至病危的比丘，佛陀開宗明義指出：「當正念正智以待時，是則為我隨順之教。」提醒比丘隨佛學習正念正智，「時」指的是臨命終時。我自己投入病相應的研究，遍覽這麼多的教法，逐一歸納、分類後，最後便是以「正念正智以待時」做為結語，因為佛陀只教我們一件事，那就是正念正智。

接著佛開始說明：什麼是正念？即身受心法四念住❶。什麼是正智？也就是對於自己所有的動作，包括來、去、靜止、瞻視、觀察，肢體的屈伸、俯

---

❶ 四念住：又稱四念處、四意止、四止念，或簡稱四念。念是慧觀，住是於身、受、心、法四境，以觀照智慧止住於其處。以觀身不淨、觀受是苦、觀心無常、觀法無我，對治淨、樂、常、我等四顛倒的觀法。

仰，穿衣、持缽，行住坐臥、語默動靜，乃至於大小便利等，都清楚了知，這便是正智。

「正智」（sampajāna）其實就是我們現在慣用的「正知」；古字採用「智」，因為這不只是知道而已，是與智慧結合，全面而深刻地覺知一切。

依四念住觀，正念正智了知自己一舉一動的各種覺受——樂受、苦受、不苦不樂受，都是隨著因緣而生，而非無因緣。什麼樣的因緣呢？緣於這個色身，因此佛陀教導弟子進一步就自己的身體來作觀：「我此身無常、有為、心因緣生；樂受亦無常、有為、心因緣生。」

身體是無常、有為，是因緣所生的，所以我們的各種覺受也是無常變化、有為、因緣而生的，這是提醒我們不要執著於各種感受，因為受和色身一樣都是隨時隨緣而不斷變異的。

假如能如此作觀，便能對色、受、想、行、識

生起厭離，所謂的「厭離」，不是擺脫或棄絕，而是不著。不執著於它，就不會和貪、瞋、癡的欲念糾結在一起，一旦離欲，就達到解脫了，可以說：「我生已盡，梵行已立，所作已作，自知不受後有。」我很喜歡這一句話，如果往生時可以這麼說，那真的很滿足了。

三受與三毒的關係

　　最後，佛陀以偈頌做結：

　　　　樂覺所覺時，莫能知樂覺，
　　　　貪欲使所使，不見於出離。
　　　　苦受所覺時，莫能知苦受，
　　　　瞋恚使所使，不見出離道。
　　　　不苦不樂受，等正覺所說，

彼亦不能知，終不度彼岸。

讀到這裡，感觸很深。我們面對外境時的反應，從生物基本的生理或心理狀態來看，只有三個動作：往前、退縮或靜止不動；從佛法來看，就是貪、瞋、癡——貪，所以往前想拿；瞋就退縮、防衛；癡，就是不清不楚，所以呆立原地。貪、瞋、癡連帶產生覺受，貪所以樂，瞋所以苦，癡所以不苦不樂。

有鑑於此，佛陀提醒我們：「若比丘精勤，正智不傾動，於彼一切受，黠慧能悉知。能知諸受已，現法盡諸漏，依慧而命終，涅槃不墮數。」首先要對於感受清楚了知，知道貪產生樂、瞋所以苦、癡所以不苦不樂，如果比丘能由此了知「受」背後有其組成的因緣、時間、空間的關係，則現世就能斷除煩惱，解脫自在。

接下來的 1029 經，內容和 1028 經大同小異，

差別在於最後的說法與偈頌，佛陀說：「乃至聖弟子如是觀者，於色解脫，於受、想、行、識解脫，我說是等解脫生、老、病、死。」

哇，這正是我在尋找的答案！《無常經》說佛陀因為老、病、死而出現於世，我一直苦思其中的所證法、調伏事為何？讀到這裡，真有豁然開朗的感覺，但是要從色、受、想、行、識中解脫，則必須要住於正念正智，累積先前所提到的種種修練，才可能達到這樣的境地。

法的療癒和醫學很不一樣的地方在於，醫學是透過外在的儀器來檢測、診斷身心的狀態，而佛法強調的是向內觀察、體會身心的變化，因此我常提醒學生阿含經典不只是用來研讀，而是可以操作體驗的，操作的方法就在《念住經》❷裡；覺知身體的每一個部位，覺知這些部位的對境，從對境去覺知感受，再從感受去了解其因緣，因不同的條件產生不一

樣的感受,由此來體證佛法。

——原刊於《人生》雜誌407期(2017年7月)

---

❷　《念住經》:佛教禪修的根本經典,在南傳佛教界廣為流傳。佛
　　陀認為念住是通往涅槃的直接之道,並完整解說修習四念住的次
　　第。

Chapter 8

臨終聽法與平常用功

　　癌症復發後，經常體力不濟，心力也難以集中，由於肝癌患者末期陷入昏迷是常態，如果我也陷入昏迷，該如何保持正念正知？因此經常提醒自己，趁著身心還能作主時，養成修行習慣很重要，這是從《雜阿含經》1023 經獲得的啟發。

　　《雜阿含經》1023 經，依印順長老❶彙編的版本來看，算起來是病相應經的第一經，但名相太多，尤其是斷五上分結❷、五下分結❸與四果❹之間的關係，需要花一點時間去釐清、建構，因此放到最後再來論述。

---

❶ 印順長老（1906 － 2005）：當代著名高僧、佛學泰斗。俗名張鹿芹，浙江杭州府海寧人。1930 年出家，追隨太虛法師投身中國近現代佛教復興運動，致力培育僧才。博通三藏，對佛教歷史、經典和思想做全面深入研究，《妙雲集》作品影響深遠。其著作《雜阿含經論會編》，更是研究《雜阿含經》的重要指南。

❷ 五上分結：又稱五順上分結，或簡稱五上結。結為結使簡稱，意指煩惱，能束縛眾生不得解脫生死。上分指色界與無色界，五上分結即為五種色界、無色界煩惱：色界的貪愛結；無色界的貪愛結、無明結、慢結、掉舉結。斷除五上分結，證阿羅漢果。

　　不過，對我來說，這部經還有一個更重要的訊息，就是臨終聽法或臨終修法。臨命終時比平常更需要善知識的引導，一方面讓病者聽法，受到啟發，心生歡喜；一方面則是帶著他提起正念，思惟法義，或者專心一致面對死亡。

臨終聞法最重要

　　根據 1023 經描述，當時尊者叵求那（Phagguna）住在東園鹿母講堂，疾病困篤，可能活不久了。阿難知道後，便前來告知佛陀，請佛去關懷尊者。那天下午，佛陀禪坐之後，來到東園探望叵求那，並為他說

---

❸ 五下分結：又稱五順下分結，或簡稱五下結、五下。下分指欲界，五下分結即為五種欲界煩惱：欲愛結、瞋結、身見結、戒禁取見結、疑結。斷除五下分結，就得證聲聞三果成阿那含。
❹ 四果：聲聞修行所得的四種證果。

法。經文中常用「示、教、照、喜」四字說明說法的經過，大意是開示、教導、鼓勵、令生歡喜。佛陀離開後不久，叵求那旋即命終，往生時，諸根喜悅，顏貌清淨，膚色鮮白。

阿難供養叵求那的舍利之後，回到佛陀身邊，很好奇地問：「世尊，叵求那尊者往生時，諸根喜悅，顏貌清淨，膚色鮮白。他會往生何趣？來世又會怎麼樣呢？」不只阿難，我們對死後的世界都很好奇，但佛陀沒有正面回應，而是直接開示說法。

佛陀針對兩大類比丘，各提出三種教示：一類是「未病時，未斷五下分結」，另一類是「未病時，斷五下分結」。

如果有比丘尚未生病時，還沒斷除五下分結，當身體病起，自覺身心不調，生分微弱，此時：

1. 若聽聞大師教授教誡、種種說法，聞法之後，斷五下分結，稱為「大師教授說法福利」。

2. 如果沒有大師前來說法，但有多聞大德、修梵行者教誡說法，聞法之後，斷五下分結，是名「教授教誡聽法福利」。

3. 即便沒有機緣遇到大師或有修行的大德，如果能夠以生平所修所學，獨靜思惟，稱量觀察，就能斷五下分結，這是「思惟觀察先所聞法所得福利」。

佛陀提出臨終聽法的三種福利——大師教授說法福利、教授教誡聽法福利、思惟觀察先所聞法所得福利。以前我常會陷入名相裡鑽牛角尖，覺得這三種說法福利的層次應該會有所不同，但無論誰來說法，只要能聞法實修，其實結果是一樣的，都能斷除五下分結。

因此病重或臨命終時，不一定要執著佛陀或大師親自來說法，其實只要有一個善知識，甚至沒有人來說法，你也可以當自己的善知識。佛陀藉此鼓勵我們平常就要養成習慣，讓自己在生命的最後階段，還

能提起心力獨靜思惟、觀察。

　　由此可見臨終關懷最重要的是「說法」：對已修行一段時間、有固定法門的修持者，便帶著他操作方法；對尚未接觸修行的人，則要安他的心。

養成平等觀

　　接下來是「未病時，斷五下分結」，如果還沒生病時，已經斷了五下分結，但尚未達到「無上愛盡解脫，不起諸漏，心善解脫」，此時若病重，身心不調，生分微弱：

　　1.如果可以得到大師教授、教誡說法，就得無上愛盡解脫，不起諸漏，離欲解脫。這是「大師教授說法福利」。

　　2.如果沒有大師前來說法，但有多聞大德、修梵行者教誡說法，依然可以證得無上愛盡解脫，不起

諸漏，離欲解脫，這是「教授教誡聽法福利」。

3. 即便沒有機緣遇到大師或有修行的大德，如果能夠以生平所修所學，獨靜思惟，稱量觀察，就能證得無上愛盡解脫，不起諸漏，離欲解脫，這是「思惟先所聞法所得福利」。

「無上愛盡解脫，不起諸漏，心善解脫」，所指的便是斷除五上分結。這聽來有點不可思議，怎麼生病了反而能有這樣的成就？從五下分結到五上分結，中間的次第落差很大，尤其斷五上分結是一個高門檻。也許平常我們雜念太多，反而是生病時，沒有攀緣和雜念，這時如果有善知識好好引導，真的可以達到無上愛盡解脫，不起諸漏，離欲解脫！

坦白說，在讀這一經的時候，由於這種種的名相，讓我思惟很久：所謂的大師教授、教授教誡、思惟先所聞法等的福利，難道沒有次第關係嗎？但一讀再讀會發現，佛陀要強調的是一種平等觀：由佛來引

導，很好；不是佛陀親自說法，也很好，甚至平常就應該養成修行習慣，不一定要依賴別人。

　　經文最後，佛陀告訴阿難，叵求那還沒生病時，雖然未斷五下分結，但臨命終時，因為親從大師聞教授教誡說法，所以斷五下分結，得阿那含（三果），怎麼可能不得諸根欣悅，色貌清淨，膚體鮮澤呢！

　　如是修，如是果，1023經透過十分結來說明，臨終時得到什麼樣的幫忙，就可以證得什麼樣的果位，即是經中所說的「福利」，由此確立了病相應經的次第，也確立了究竟斷除五下和五上分結，以及果位之間的關係。

——原刊於《人生》雜誌408期（2017年8月）

Chapter 9

病中遊戲

讀完病相應群經，一邊整理經中的修行方法，一邊懷抱著一個浪漫的想法：這有沒有可能設計成一個 game（桌遊）？

十結與四果之間

《雜阿含經》1023 經中，佛陀透過叵求那尊者的故事，說明臨命終時得到什麼樣的幫忙，就能斷除五下或五上分結。於是我開始思考如何將十結❶和四個果位的對應關係排成一張 Dharma Map（佛法地圖），一方面釐清各別煩惱與修行位階之間的關係，同時也可以檢視自己的修行狀態，提醒自己下一步該怎麼用功，調伏哪些煩惱習氣，會有一點激勵作用。

---

❶ 十結：即為五下分結與五上分結，三果聖者斷五下分結，阿羅漢斷五上分結。

　　「結」其實就是煩惱的意思，因為煩惱束縛不得解脫，所以稱之為結。「結」不是無中生有，是累積而來的。其實，十結就是四聖諦的「苦」和「集」，看到苦、感受到苦，然後去挖掘背後的原因，再試著把這些結打開，一一根除。至於能對治到什麼程度？可能得到什麼樣的結果？用什麼方法來對治？這個過程就是「滅」和「道」。

　　「五下分結」包括身見結、疑結、戒禁取見結、欲愛（貪）結、瞋結。簡單來說，身見結，是因為不了解色身是由地、水、火、風所形成，而執著有我、我所，是修行上第一個要根除的煩惱；接下來是打開疑結，讓自己對佛所說的法深信不疑；戒禁取見結，是被一些與解脫無關的觀念、儀式和方法束縛。斷除這三個結才能證入初果。

　　接下來是調伏並斷除欲界的貪愛和瞋恚，由此也才開始解決由貪、瞋、癡所衍生的老、病、死的問

題。當五下分結完全斷除,即可證得三果。可見結與
結之間是一個連帶關係,斷除第一個結是斷除第二個
結的必要基礎,就像在爬階梯,拾級而上。

　　五下分結屬於欲界的煩惱,即便不是佛教徒,
只要證悟佛法,也能斷結證果。真正困難的,是斷除
五上分結。「五上分結」包括色界貪愛、無色界的貪
愛、慢結、掉舉結及無明結。貪、瞋、癡三毒中,癡
最難斷除,是五上分結的最後一關,解開無明結才能
證得阿羅漢果,從生死束縛中開解。

　　四果分別是:初果須陀洹(srotāpanna),
意思是要再回來人間或天上修行七世;二果斯
陀含(sakrdāgāmi)是一來的意思;三果阿那含
(anāgāmi)為「不來」,修行至此,已超越了欲界
的煩惱,不再返回欲界,往生後轉生色界天,再修行
一世即可解脫。最後是四果阿羅漢(arhat),煩惱斷
盡,解脫生死。

十結與四果的關係，對應如下：

證得果位	斷除的煩惱
初果	身見結、疑結、戒禁取見結
二果	身見結、疑結、戒禁取見結，並削弱與調伏貪欲結、瞋恚結
三果	完全根除五下分結
四果	色界貪結、無色界貪結、慢結、掉舉結、無明結

再讀經文病歷表

定義清楚之後，就可以回到經文病歷表，透過電腦排序，就能知道哪些修法，可以斷除哪些煩惱，證入什麼樣的果位，修行次第一目了然（如下圖）。

再次閱讀經文病歷表，有四個類別值得我們注意（如下表）：其一是佛陀教導的對象，由於沙門與居士修行的基本訓練不同，因此於病重、病危或臨終時，佛陀對這兩類弟子的教導有所區隔，而比丘因出家時間長短，佛陀的教導也會有所不同，譬如對尊者、年少比丘，就因年齡與接受訓練的時間長短而有別。

類別	內容
開示教導的對象	比丘：尊者、年少比丘、多位比丘 居士：長者、童子／不知道年齡
關注的問題	1. 如何面對「痛」 2. 命終之時，知生何處 3. 定力退失（稍有修行的人，大概都會擔心這一點：身體狀況佳，修行狀態也維持得很好，萬一身心體力都不行的時候，該怎麼辦？）
對臨終或病危者的教導或開示	比丘：解脫觀，五蘊、六處 居士：依四不壞淨，於上修五喜、六念／六明分想
結果	1. 身病悉除 2. 身病 3. 命終（1）受記（2）般涅槃

　　其次，在修行方法上，沙門的修法以五蘊、六處為主，看起來簡單，但方法的操作細節很繁複。例如 103 經，差摩比丘不僅將觀五蘊非我、非我所的方法講得很深細，還點出一般人不易警覺的問題——我慢、我欲、我使，未斷、未知、未離、未吐。此

外，還有年少比丘（1025 經至 1027 經），提出解脫觀，慧解脫、心解脫，都值得進一步深究。

居士修法一般是從三蘇息、四不壞淨開始，一法一法累加。比較特別的是長壽童子的「六明分想」，其中的「死想」就是「死隨念」，對我影響很深。記得以前聽 ICRT，每次到了午夜 11 點 59 分，就會廣播 "Today is the last day of your life."（今天是你的最後一天），過了 12 點，又是一個新的開始，這就是「死隨念」：隨時清楚，隨時珍惜，隨時告別。

曾聽校長惠敏法師說，以前讀經，愈難愈有挑戰的，大家愈喜歡讀；現在時代不同了，很多人讀經，遇到有一點難度的就不讀了。因此我希望「法的療癒」能引起大眾的興趣，從中去思索，佛教的療病觀與生命觀是怎麼一回事？更進一步建立起自己的療病觀與生命觀。

讀經筆記

◆

從1030經踏上修行之路

　　早期佛教，居士不太能夠參與僧團的修行指導，由於我們不是專業修行者，如何面對病痛和死亡？

　　1030經，可說是病相應經的一個分界點，由此開始都是佛陀針對居士所說的教法，除了給孤獨長者和長壽童子的修行方法比較特殊之外，其餘的教法都謹守四、五、六的次第，也就是在「四不壞淨」的基礎上累加，如果四不壞淨已經成就，便再加上念施，變成「五喜」，接著再增加念天，成為「六念」，次第分明。而且只要修習得力，即可斷結證果。

　　例如，1033經達摩提離長者修習六念，深具信心，得佛陀授記阿那含果；第1036經的主角釋氏沙羅，則是修習五喜成就，得到佛陀授記斯陀含果。這些

對我們居士來說，都是極大的鼓舞，尤其釋氏沙羅的身分，比對南傳版本，可知她是一名女眾，可見不論性別，佛陀的教法是一致的。

四不壞淨又稱四預流支，意思是引領我們在修行路上順流而下的基礎。很幸運地，在《雜阿含經》病相應經中，找到了這麼一個清楚而有次第的修行理路，祝福大家都能依此踏上修行之路，步步增上。

——原刊於《人生》雜誌409期（2017年9月）

Chapter 10

最後，也是最初

　　「法的療癒」屬於一種醫療的人文思想，掌握法的療癒，不限於佛家典籍，之所以用「佛典的療病觀與生死觀」為題，單純是我個人的體驗，主要在探尋佛陀如何看待疾病和死亡？這些觀點如何改變生命？從而著手建構自己的療病觀與生死觀。

　　聖嚴法師曾說：「生病的時候，把病交給醫師，把命交給佛菩薩（或者是自己的宗教信仰），如此一來，自己就是沒有事的健康人。」法師並未強調特定的宗教，完全是以個人的信仰為主，即使沒有宗教信仰，也會有自己的人生觀或理念。所謂「沒有事的健康人」（a healthy person with no worries），清楚指出療病不只是生理，還有心理上的治療。生理的治療，交給醫生；心理的治療，則需要有宗教信仰或一套思想觀念。法的療癒便奠基於此。

重新建構「人生四觀」

2005 年年底檢查出癌症後，我開始思索：到底佛教的生命觀是什麼？由於個人花了幾十年的工夫學習佛法、教學佛法，希望能從佛法找到個人的立足點。於是重新建立出四種心態，或者說四種觀念。

首先，重新回顧並省思：這一生到底為什麼而活？我對這個社會有貢獻嗎？還是自私自利？隨著年紀漸長，愈覺得人生不完全只是為自己而活，還要能夠奉獻自己，服務大眾。這是我的生命觀。

接著是，面對自己的病痛時，採取什麼樣的醫療決策？必須清楚自己的療病觀或醫療觀，才能安心地「把病交給醫師」。治療過程也可能面臨個人的生死問題，所以還要進一步思考生死觀。

生死觀和宇宙觀密切相關，因為宇宙觀是個人面對未來世界的一種想法，可簡單分為兩類：一種是

宗教信仰的宇宙觀，也就是根據宗教教義，建構一個
生死到宇宙的概念，例如，基督教的宇宙觀是死後要
回到上帝身旁，佛教則有往生極樂世界的說法。

　　另一種是屬於當代、科學理性的宇宙觀，如大
爆炸（big bang）、宇宙緣起等，這些理論，或許
對，或許不對，但它很可能顛覆一些根深柢固的想
法，你也可以接納它成為自己的宇宙觀。個人在教學
上，比較著重的是科學理性的宇宙觀，這與我的宗教
信仰不相違背，再加上一直以來的學術訓練，讓我清
楚未來的可能性，是跟整體宇宙結合在一起的。

　　從診斷罹癌的 2006 年到 2014 年間，倒也相安
無事，讓我有足夠的時間重新思索醫療觀和生死觀，
並根據佛典中關於生死的教導、醫療的教導、面對病
苦的教導，建構一個大型的資料庫。2014 年肝癌復
發、擴散，醫生也束手無策，不過，我反倒覺得輕
鬆，趕緊把握時間，將生死觀和宇宙觀建構起來。可

以說這場病，讓我重新體驗人生，並建構出自己的生
命觀、醫療觀、生死觀和宇宙觀。

面對病與死的四法行

罹癌後的十年間，我將它分為病禪十、病相
應、病禪法、病願行四大部分。

「病禪十」是指最初住院那段期間，讓自己靜
下心來，面對自己的身與心，然而就在面對自己身心
的同時，由於痛不可堪，生起了一些想法：佛陀如何
教導弟子面對病危、臨終，甚至死亡？

佛陀教導的方式和實踐的方法，就是禪法。所
謂禪法，或修行方法，其實是一種人生觀，一種生命
態度──我們用什麼樣的心態來面對自己的人生？用
什麼方法來面對困難、解決問題？這是我在病禪十期
間生起的話頭。

出院後，很快地在經藏中找到一群面對病痛和死亡的經文，稱為「病相應」，於是我開始研讀、寫札記，並借用西醫病歷表 SOAP，重新整理、排序、分析，甚至做為日常運用。這時候讀經，已經不再像平常的閱讀，而是有生命、有爆發力的，一種想要真正去理解它的動力。這是病相應。

找到病相應經，對我來說是很大的鼓舞，真的是挖到寶！因為早期佛教，居士不太能夠參與僧團的修行指導，但病相應經裡，卻可看到居士也有清楚的修行步驟與次第，無論是童子、長者居士，或是初入門的年少比丘到尊者比丘，都有詳細的敘述。於是我便依經中的教法來建構人生觀和修行觀，所謂「病禪法」就是病相應的實踐。

前三者屬於個人生命的轉化，但生病不只是生病、一無是處，我還可以盡自己所能，幫助別人，因此生命進入第四個階段——病願行。由於我的專長是

電子佛典的建置，於是便將自己從病相應經所得到的啟發，以及佛經中關於病和死亡的資料一筆一筆找出來，發展成「法的療癒資料庫」，這是個龐大的工程。

　　腫瘤復發後，再次提醒了自己要發願，發了願更要實踐。「行」不僅是身體力行，也是一種心行，尤其心的力量可以很大，大到足以影響別人。出於這樣一個想法，我們開始募款、推動專案，由學校的同仁、助理接續執行，他們做得非常好，讓我很安心。

　　此外，還有其他幾個研究，譬如個人教學的核心——如來藏❶；如來藏是人生很大的一個希望，從最淺的眾生平等，到至深廣大，再到無我，可以說，我的人生觀就是如來藏觀。而這些專案一個個落實下

---

❶　如來藏：即佛性，又稱自性清淨心、自性清淨藏，指隱藏於眾生煩惱的自性清淨如來法身。

來，願就延續了。

　　簡言之，將住院當作參加「病禪十」，定課讀誦「病相應」，依教勤修「病禪法」，餘生努力實踐「病願行」，這是我面對病與死的四法行。

隨時告別，享受當下

　　這輩子我完成很多國科會或科技部的計畫，每個計畫都有一個 deadline，對我來說，每完成一個任務或一個計畫，等於跨過一條死亡線，也就是一個新生命的開始，因此我用 "Today is the last day of my life."（今天是我的最後一天）鼓勵自己，如此一來，每一堂課、每一次會議、每一次聚會、每一次交談⋯⋯，都是一場告別式。

　　由於天天都做好告別，所以當我死的時候，不需再做告別式。最近也請學校不要用我個人的名義舉

辦告別式，而是以共修法會的形式，讓大家聚在一起，真心地念誦，這就是最好的告別。當你在每一天裡完成告別，自然就會心存感恩，懂得珍惜每一刻，而且會更容易放鬆。清楚放鬆，享受當下，既是基礎禪法，也是一種人生態度。

最後，分享我非常喜歡的一部經典 ——《無常經》。這部經很短，大意是說世間有三種法是不可愛、是不光澤、是不可念、是不稱意，哪三種法？老、病、死。原來佛陀出家求道，就是為了幫助我們從老、病、死中解脫，解脫的方法是「所證法」及「調伏事」。以前讀經常常快速閱過，直到自己面對生死，才逐漸了解到這就是我們修學佛法的核心。假如未來有機會，希望你們能夠找到這部經好好地讀一讀。

既然該做的事都已經完成了，也就沒有什麼好掛念或不捨的。接著我列了一張肝癌末期的 list，看

看自己出現哪些症狀，同時也找賴允亮醫師討論，準備接受安寧療護。很幸運，可以在有生之年，安排自己的死亡。

我滿喜歡坐在病房裡感受花園的氣息，享受每一個當下，清楚、靜心去看生命和自然的關係。一般認為生命的終點是死亡，事實上生與死是一體的，佛法說：「此有故彼有，此生故彼生；此無故彼無，此滅故彼滅。」生命的起點就是死亡的起點；生命的終點也是死亡的終點，兩者無差別。我們的生命和大自然其實是同一件事，同一個結論，沒有分隔，現在走的路，也將是未來整個生命要前往的方向。

（2016年11月19日講於關渡馬偕醫院，向醫學生談
「法的療癒——佛典的療病觀與生死觀」）

讀經筆記

◆

面對痛，是最好的修行

　　這個寒假（2016 年）我笑稱自己比差摩比丘多了一受——轉身掉淚受，因為一動一轉身就痛到不自覺地掉淚了。

　　當時感受到痛的時候，我採取兩個方法：一個是觀想。觀痛，跟著那個痛走，這次體會到很多種不一樣的痛法，有刺痛、絞痛、悶痛，在飛機上時，則是像一把刀割過，觀到後來很累，注意力不太能集中。其實真正痛起來的時候，一般人的注意力無法集中太久，至少我自己沒辦法。

　　後來我改用念佛。念佛有個好處，「佛」字剛好是送氣，所以念到佛的時候，就觀想把痛送出去。當時的痛是一陣一陣的，我就隨著痛的 tempo（節奏）念佛，

由於注意力不在痛，而是佛號上，反而覺得很舒服。誦一誦累了就昏睡，醒來，又痛，又念到睡著。其實，我遇到痛，還是很自然地會念佛，這是平常養成的習慣。

　　回臺後，醫生幫我消炎，又做了飲食控制，才稍微好轉。那天回到法鼓山僧伽大學上課，很感恩能再回來山上、能再踏上這塊土地，還可以做一些事情。很有意思的是，我只要一回到學校就沒事了，好像差摩比丘，說法的力氣又來了。很感佩差摩比丘給了我們一個出口，原來曾經有人這麼痛過，可見痛不是問題，如何面對、處理，才是修行，而不是假裝不痛。

——原刊於《人生》雜誌410期（2017年10月）

附錄一｜**為下一代做準備**

　　在法鼓山，常有人稱我「老師」，其實我所學有限，貢獻也少，僅因在法鼓山體系時間較久，年歲較長，徒具虛名而已。

　　我是 1987 年第六屆中華佛學研究所學生，畢業後留校任教，迄今近三十年，這是很難得的經歷。我常講，自己是被聖嚴師父關在象牙塔裡的人，每日與經典、文獻為伍，卻也是我幸運之處。

　　晚近十幾年，拜時代科技之賜，我們已先後完成《大正藏》、《卍續藏》及《法鼓全集》紙本數位化等專案，近期則著手建置聖嚴法師數位典藏資料庫。希望在這個基礎之上，未來的讀者乃至研究人員，能夠比較快速且重點性掌握聖嚴師父的思想與

教法。

　　參與佛教資訊數位化，目的只有一個，就是為下一代鋪路。因為下一代的學習工具與我們這一代全然不同，假使未能將佛學資源完成基礎建置，下一代入門將備嘗辛苦。這是很重要的一步，後期我投入較多者，便是將佛教資料數位化。這也是向師父學習：為下一代做準備。

「流浪」歲月，幸遇師父

　　聖嚴師父於 1977 年底從美國返回臺灣，第一件事就是辦教育。翌年即應邀於中國文化學院中華學術院接任佛學研究所所長一職，同時期於中華佛教文化館主持禪七，緊接著 1979 年於農禪寺成立三學研修院。由此可見，學院教育、修持與建僧為師父興辦教育的著力點，但是理念的醞釀、發展至成熟、實踐，

往往需要時間積累，這條路確實走得很漫長。

　　遇見師父是很有趣的機緣。1978 年，我因參加中國佛教會舉辦的大專佛學講座，首次見到師父。由道安老法師成立的大專佛學講座最初設於松山寺，1974 年起遷往善導寺舉行。那段時期我常到善導寺，倒不是對佛學有心，只為寺裡提供了非常可口的素食。1978 年 10 月，師父應邀演講，於講座中宣布即將舉辦禪七的消息，我很高興報名，迷迷糊糊去打七。

　　當時我二十來歲。在二、三十歲那個階段，我常記不得自己年紀，彷彿時間與記憶止於十三歲父親往生那年，只是這層影響過去未曾留意。由此推算，遇見師父那年，我約莫二十五、六歲，已經在「流浪」了。

　　所謂「流浪」，是受德國作家赫曼・赫塞（Hermann Hesse, 1877-1962）《流浪者之歌》

（*Sidahartha*）一書影響。那種境況，總在尋找生命意義，也不清楚生命的目標與方向，工作亦不穩定。有段時間我到處教書，並於生命線協會擔任義工。年輕的我大抵是這樣過來的。

某種程度來講，那時的年輕人，正處於從西方走回東方的摸索期。學古箏、古琴、練太極拳，甚至學習佛法，都是我嘗試走回東方的方式。當時懵懵懂懂跑了幾個道場，印象很深的是，在華嚴蓮社聽南亭老法師開示，老法師濃厚的鄉音，加上我於佛法的一片空白，能夠聽懂的實在有限。

因為流浪的心，才有因緣聽到師父演講，參加師父返回臺灣主持的第一場禪七，至於什麼是佛學、禪七，完全沒有概念。記得當年在小參時，師父問我看過哪些佛經？讀過哪些基礎佛書？我說統統沒有。師父就講：「你好大的膽子。」可能師父覺得很好玩，怎麼有人什麼都不懂，迷迷糊糊就來打七了？

　　禪七最後一天，師父掉了眼淚，使我非常感動。他說：「佛法這麼好，知道的人卻那麼少。」這段話可能現在很多人耳熟能詳，但在當時我是第一次聽到。在禪堂那樣嚴厲的法師，卻在最後一天的開示落淚，顯見師父為佛法的悲心。

禪修入門，師父勉勵

　　那次禪七，體驗很多，感受很好。簡言之，改變了我對佛教的看法，從此對佛法很有興趣。另一收穫是開始能看懂古籍。比如從前讀《大學》，只見其字面意義，禪七之後再讀，覺得內容與禪修極為吻合。當時我還無法釐清儒家與佛家的思想脈絡，只覺得《大學》好像也在談修行。有了禪修體驗再看古籍，才發現不只是文字而已。我對佛法的信心，就從那時萌發；日後至臺灣大學旁聽、自修學習，從而走

上所謂佛學研究這條路，都與這次禪七有關。

　　禪七後某日，返回文化館見師父，師父問我：要不要跟著他到華岡上課？當時師父在文化學院帶博士班課程，學生不多，約三、四人。其中有一門課教材是《禪源諸詮集都序》，現在我終於能熟記，當年則是連這幾個字如何分解都不懂。同一時期，師父有幾場公開演講，囑我根據錄音帶整理成文。日後《法鼓全集》收錄其中二則，整理者姓名也被保留在文末。

　　鮮少提起禪七結束後，師父希望我出家，並於返回美國後寫信給我。只因我選擇「逃兵」一途，也就沒有報考第一屆中華佛研所。但我仍通過自修，藉由兩個管道，與佛學保持一段不遠不近的距離。

　　其一是借重圖書館。早期天主教利氏學社所附設的耕莘圖書館，以漢學圖書蒐集為其特色，其中豐富的佛教資料，亦從漢學角度予以選籍，是我當時自

修管道之一。其次是旁聽佛學課程，包括臺灣大學葉阿月老師執教的印度哲學，以及楊郁文老師於靈山佛學研究所等處講授的「《阿含經》之研究」，均是當時印度佛教首選課程。藉由這兩位老師的專長，確實幫助我建立起印度佛教思想史基礎。

　　1985 年，甫從美國威斯康辛大學取得博士學位的恆清法師，應聘於臺大哲學系，首次於大學校園開設如來藏思想課程。恆清法師的講學風格，條理清晰、次第嚴謹，使我對如來藏思想產生極大興趣，並抓到一些佛學的重點。日後又陸續旁聽楊惠南老師「吉藏」、「禪宗」、楊政河老師「華嚴」，及張瑞良老師「天台」等中國佛教課程。

　　經過數年自修，我曾仗著自我感覺良好，自不量力地以英文寫成一篇佛學研究心得，當面呈給師父，指定投稿《中華佛學學報》。師父勉為其難收下，表示會交給其他老師審稿，之後垂問於我：「要

不要回來佛研所念書？」印象中，師父對我大抵有二種看法，或是出家修行，或是從事學術研究。師父曾說：「未來你也可以成為很好的學者。」當時只覺得詫異，因我並不愛讀書，只好玩、愛探索。

　　真正促使我走向佛學研究的臨門一腳，則是某次恆清法師於課後問我：「要不要去讀中華佛研所？」其實，師父稍早垂詢，已啟動我審思重返系統化學習的想法，恆清法師這一鼓勵，則使我正視機緣難得，稍縱即逝。那年我三十五歲，已屆中華佛研所招生年齡上限，若不把握，恐怕再也沒有機會了。

立足中華，放眼世界

　　有幸於 1987 年成為中華佛研所學生，從此跟著師父學習，於法鼓山成長。

　　以當時臺灣來講，佛研所是很特殊的學習環

境，因為師父非常重視語文教育。某次與信眾談話場合，師父頗自豪地講：「我們學生讀的書，比醫學院學生還要多，下的工夫還要苦，但他們是沒有學位的。」確實如此，早期佛研所學生都很清楚在此讀書沒有學位，對於能夠學習巴利文、梵文等「佛陀的語言」很歡喜。除了看重佛典語文，師父亦重視學術語文，主要為英、日文，假使可以，法文、德文都應該學習。

　　師父從他個人學習歷程所開展的國際視野，由中華佛研所所訓得以顯見，尤以前面兩句：「立足中華，放眼世界」，期勉學生視野要廣、心量要大。早期佛研所在資源有限的情況下，能培養出一、二十位校友赴國外深造，取得博士學位，確實不易。我出國參加會議，曾遇到好幾位名校的外籍老師，讓我推薦佛研所學生前往就讀，原因是我們的學生語文基礎穩固，對漢語佛典掌握勝於歐美學生，學問也都滿紮

實，故能於國際學界受歡迎。

回頭看早期佛研所辦學，猶如奠立基礎，不論師資、學生與學校，逐漸於國際享有一席之地。當時也會有些反思，比如與同時期其他佛學院相較，我們的義理課程確實較少。然而迄今，我仍認為，假使學生語文基礎訓練不足，而直接進入義理研究，恐怕會有風險。假使要從事佛學研究，仍應以語文優先。

教育藍圖，理念與工程並進

現今位於北海岸金山的法鼓山世界佛教教育園區，事實上與中華佛研所遷建有關，當年工程主體即名為「中華佛研所遷建工程」。師父於 1989 年覓得金山這塊地，日後因緣很好，周邊土地陸續買進，教育理念亦逐漸發展。

記得 1990 年初，佛研所師生隨師父上法鼓山探

勘，只見師父手執木杖，指天畫地，氣勢勃發地預告未來的圖書館、教學大樓及國際會議廳等等所在。可是在我們眼前，除了一片荒山，什麼也看不到。在現今的圖書資訊館前沿，當時有條小溝，我們坐在那裡，腳踩在溝裡，滿心歡喜聽著師父描繪心中的教育藍圖。

1990 年首次舉辦的中華國際佛學會議，日後改為兩年舉辦一次，對中華佛研所乃至法鼓山國際活動之開展，應屬重要歷史事件。透過邀請國際重量級學者來臺交流佛學義理，並傾聽他們對法鼓山建設的意見，從當年的時空來看，確實有其國際影響力。

在法鼓山園區部分建築群啟用前，山上最盛大的一次活動，當屬 1996 年 10 月奠基大典及地宮安寶儀式。用來典藏臺灣當代佛教史料的地宮箱函，位於大殿正下方，所收入的三百餘件鎮山法寶，預計於西元 3000 年開啟。值得一提的是，其中有一片《大

正藏》光碟，內容集梵文、巴利文、藏文及漢文等多種語文佛典，我們的想法是記錄二十世紀末至二十一世紀初，臺灣社會所流通的《大正藏》樣貌。當年學界已在建置佛學數位資料庫，發行《大正藏》數位光碟的「中華電子佛典協會」（CBETA），則於 1998 年成立。

數位時代，經典轉型

CBETA 確實是受到國際學界高度矚目的計畫，其緣起為 1994 年，恆清法師於臺大成立佛學研究中心，廣邀佛教學者及專家參與，期透過現代學術研究方法，並結合現代科技，建構一套系統化的佛學資料庫。當時主要著重於二手文獻研究，即現代研究資料整理，我亦為其中成員。

直至 1997 年底，恆清法師獲北美印順導師基金

會支持，已募得 CBETA 成立基金。但以「中華電子佛典協會」目標設定，非單一團體支持，盼能促成教界合作，故仍積極促緣。1998 年 2 月 13 日晚間，中華佛研所所長李志夫老師、惠敏法師及我，至農禪寺向師父報告此一專案。師父很鼓勵，也滿認同這項計畫由眾緣成就，成果共享。因有師父首肯，佛研所於是積極參與。2 月 15 日，CBETA 成立儀式於法鼓山安和分院舉行。

　　CBETA 前五年經費，由北美印順導師基金會護持，後續由師父引薦一位新加坡信眾支持。很感謝這兩個因緣。CBETA 雖非隸屬法鼓山體系，然而法鼓山投入的資源與技術支援相當多，從早期中華佛研所，至法鼓佛教研修學院、法鼓佛教學院，及現在的法鼓文理學院，未曾間斷。

　　個人覺得，這些年建置 CBETA 是很重要的時機點。從歷史來看，任何一項計畫，皆有其最初版本及

日後更完善的修正版，但至少目前的 CBETA 是一次成功轉型，對我們這個時代有些美好的貢獻。

舉例來講，《大正藏》光碟發行後，我們曾接到一封來自大陸民間的電子郵件，信中談及早期他想讀藏經，卻苦無門路，直至某位法師向他引介 CBETA，終於一償心願。他整整花了五年時間，將 CBETA 所蒐集的漢文大藏經全都讀過，很不簡單。他很感謝 CBETA，假使沒有數位佛典流通，閱讀藏經或許仍是遙遠的夢想。

早年我們去絲路也收到相同回饋。當時整條絲路唯一的一套《大正藏》，收藏於敦煌研究所，假使研究人員在某個石窟找到資料，必得返回敦煌研究所進行比對，其間往返車資及時間成本，均相當可觀。當他們取得《大正藏》光碟，欣悅之情溢於言表。2000 年前後，研究人員只要備妥筆記型電腦，等同隨身攜帶《大正藏》。

　　對國際學者來講，那是更好用了。我常講歐洲許多研究機構所做的佛典殘卷研究，就像玩 puzzle（拼圖），拼湊殘破的碎圖，但是拼成以後，要對回原始經典就很難了。電子佛典問世之後，只要找到幾個字就能上網搜尋，找出原典。那真是方便許多，研究者可以很快復原資料。這應該都是 CBETA 對這個時代的貢獻。

　　我們這一代把資料蒐集完整、將資訊做得正確是最重要的，包括標記及後設資料，都是為了留給下一代進行資料探勘，這應是未來的趨勢，現在已可看到一些脈絡。例如我們做高僧傳，將歷代高僧的人物關係網絡予以連結，若以從前的人工整理方式，大概難以想像，而我們已做到這一步，未來的研究者，從資料背後往下繼續探索，相信會有嶄新的發現。

《法鼓全集》，藏經入口

2002 年首度發行的聖嚴師父《法鼓全集》光碟版，為佛研所（佛學網路資訊室）繼藏經數位化後的另一重點計畫。當初承接專案時，曾向師父報告需要數位化的原因。就我個人理解，《法鼓全集》如同一部白話「小藏經」。師父的著作皆有經典依據，而師父為接引大眾，予以淺顯親切的文字詮釋，使讀者易於閱讀，可惜讀者往往因此忽略經典出處。

事實上，當我們完成《法鼓全集》數位化，曾將書中引用經論進行分析，發現《大正藏》一至五十五冊，有關印度撰述部及中國撰述部，師父共引用五十四冊，唯有一冊未引用，原因是該冊共四集，師父引用其中三集，另外一集因與研究比較無關，所以沒有引用。等於說，《大正藏》的印度撰述部及中國撰述部，師父都引用了。從事佛學資訊數位化常有種感

嘆：大藏經這麼好，但是怎麼用？《法鼓全集》是很好的入門，通過《法鼓全集》可以很容易進入藏經系統，因為師父已為我們做了最佳導引。

教育真諦，普遍通達

聖嚴師父以中華佛研所為教育基礎，從一個國際型的研究所，發展至世界佛教教育園區，這條路很漫長，走了二、三十年，總算建構一個完整的學院。從歷程來看，或許可有一些省思。

文化館時期的佛研所，特色是擁有獨立的辦學空間，師資也以外聘居多，整體氛圍很像是珍貴的學術交流，優點就是培養一批批學者出來。而師父晚年凸顯以漢傳佛教為重，或許是覺得佛教教育不該僅是如此，應當還可賦予宗教情操。因此，佛研所遷址法鼓山上之後，又發展出另一種格局。

　　2007 年 4 月 8 日，法鼓佛教研修學院正式成立，成為研究與修持並重的學院，並獲教育部認證學位，這次轉型應是師父所樂見的，就在研修學院掛牌啟用當天，師父難掩興奮地說：「這是我最開心的一天。」至此，學術與修行及道場結合，佛教教育的領域愈見寬廣，開始發展佛教教育園區的概念。

　　2008 年，法鼓佛教研修學院更名法鼓佛教學院，是另一次轉型，開始與社會議題結合。如佛學與資訊、佛學與科技、佛學與日常運用，都是新開發的專案計畫。一方面保持既有的基礎學術水平，同時開拓新的路線。

　　2014 年，法鼓佛教學院與人文社會學院合併，成為法鼓文理學院，即是據此模式予以擴大。假使這個方向走得穩，或許能更接近師父提倡的教育理念。也就是以佛教教育做為基礎教育，起點是學院，但不能止於學院。一方面向外擴展，與群眾

及社會結合；一方面將學習用於生活實踐。換句話
說，大學院教育固然很重要，卻須融入於三大教
育，才能層層拓展，發揮基礎且普遍的教育功能。
目前文理學院已有這個共識，但仍在摸索，還需要
實務累積。

　　近年我常參與信眾教育，到各地分享，也是基
於這層反省。包括參加法鼓八式動禪師資培訓，與大
家一起接受訓練，參與推廣。從學院走入地區，了
解信眾的需求，這是我全新的學習，與做研究完全
不同。

　　很早以前我到日本參加佛學會議，發現日本學
者有個特色，他們在學校是學者，回到寺院是法師。
有次參加結合學術與禪修的一場會議，有位知名的老
學者在同一場地，若是學術場合他就穿西裝，若是禪
修活動他便換上僧服。我當下很讚歎，這才意識到將
學術、修持整合的佛教學者，是我心中比較圓滿的典

範。因此覺得每位老師，假使可以，也要走入地區，了解大眾需求。我是到了 2006 年以後，才慢慢有些改變。

寶山無盡，為下一代準備

能於法鼓山服務三十年，真的很感恩，使我對師父的理念比較能夠深入理解，因理解而逐漸內化，因內化而實踐，這都是潛移默化的過程。其實，我與師父實際互動不多，總是淺淺淡淡的，跟在師父身後學習。

師父對教育體系的用心、重視倫理，且尊師重道，常使我自嘆不如。比較訝異的是，十年前（2005）我因病入院，返家當日即接到師父電話。那時師父也在病中，掛上電話前，我請師父好好保重，師父說：「是啊，應該保重，你也要好好照顧自

己。」如此用心細緻，即使病中，絲毫不減。我想這就是師父的身教——利他為先。

　　早期，師父還不是那麼忙的時候，每年教師節及中秋節，均會親自給老師送禮，那是真正體現一視同仁，即使「小牌」如我，也讓師父費心了，總之那些年收禮收得很慚愧。很感佩師父那一代人對師者的禮遇、於尊師重道的崇尚，是我們應該好好學習的。日後我也受師父影響，逢年過節，向老師們致意，感謝他們。

　　因為執事，常在法鼓山上，很感恩師父建設這處美好的教育環境，如師父所說，有佛法的地方即是學校。還記得 2005 年 10 月，法鼓山落成開山極有趣的一幕景象：我負責接待國際宗教師貴賓，儘管全山禁語，但因國外貴賓不懂什麼是禁語，正是盛情踴躍、交談熱絡。我好奇他們談些什麼？原來是「佛陀的微笑」，他們覺得大殿那三尊佛，笑得滿可愛的。

從此我學會了，在個人每日的「法鼓山巡禮」增入一站：到大殿看佛，對著那三尊佛像笑一笑，學習佛陀的微笑。

再有一站，是到開山紀念館的〈開山偈〉前，誦念師父的法語：「開山的意義，是每個人開自己心中的寶山，就是如何成就智慧、成就慈悲心，來共同為我們的社會、為我們的世界，提供和諧、平安、快樂、健康。這個工作是永遠做不完的，只要一天有人出生，就有人心中的山要開。因此這個山是無盡藏，是一個開不完的寶山。」每天經過那裡，就像接受一份祝福。這也意味著我們每人的任務，要開啟自己的寶山，並開啟他人的寶山，這是做不完的工作。並非法鼓山落成了、法鼓文理學院招生了，我們的任務就完成了；恰好相反，我們的工作才剛要開始，因為我們當省思、改善和規畫的工作仍有許多，那是永遠做不完的。

　　2015 年 11 月 1 日，全球信眾大會於法鼓山園區舉行，當日回到法鼓山上的信眾，多是護持「5475」大願興學專案的菩薩們，是他們每天存下五塊錢，逐日積累，成就了今日的法鼓文理學院。我當時含著眼淚，拍照記錄他們的身影，內心充滿感恩，因有他們，才有今天這麼美好的一個場所。而我們要思考的是，從今天開始，我們可以做些什麼？也就是今日的我們，能為下一代做什麼？就從今天起，讓我們一起來努力。

（2015年12月25日於淡水，綜合2016年3月聖基會講座，
胡麗桂整理，原收於《今生與師父有約（十）》）

《雜阿含經》
參考經文

一〇三經

如是我聞：

一時，有眾多上座比丘住拘舍彌國瞿師羅園。

時，有差摩比丘住拘舍彌國跋陀梨園，身得重病。

時，有陀娑比丘為瞻病者。時，陀娑比丘詣諸上座比丘，禮諸上座比丘足，於一面住。

諸上座比丘告陀娑比丘言：「汝往詣差摩比丘所，語言：『諸上座問汝，身小差安隱，苦患不增劇耶？』」

時，陀娑比丘受諸上座比丘教，至差摩比丘所，語差摩比丘言：「諸上座比丘問訊汝，苦患漸差不？眾苦不至增耶？」

差摩比丘語陀娑比丘言：「我病不差，不安隱身，諸苦轉增無救。譬如多力士夫，取羸劣人，以繩繼頭，兩手

急絞，極大苦痛，我今苦痛有過於彼。譬如屠牛，以利刀
生割其腹，取其內藏，其牛腹痛當何可堪！我今腹痛甚於
彼牛。如二力士捉一劣夫，懸著火上，燒其兩足，我今兩
足熱過於彼。」

時，陀娑比丘還至諸上座所，以差摩比丘所說病狀，
具白諸上座。

時，諸上座還遣陀娑比丘至差摩比丘所，語差摩比丘
言：「世尊所說，有五受陰。何等為五？色受陰，受、
想、行、識受陰，汝差摩能少觀察此五受陰非我、非我
所耶？」

時，陀娑比丘受諸上座比丘教已，往語差摩比丘言：
「諸上座語汝，世尊說五受陰，汝少能觀察非我、非我
所耶？」

差摩比丘語陀娑言：「我於彼五受陰能觀察非我、非
我所。」

陀娑比丘還白諸上座：「差摩比丘言：『我於五受陰
能觀察非我、非我所。』」

諸上座比丘復遣陀娑比丘語差摩比丘言：「汝能於五

受陰觀察非我、非我所，如漏盡阿羅漢耶？」

時，陀娑比丘受諸上座比丘教，往詣差摩比丘所，語差摩言：「比丘能如是觀五受陰者，如漏盡阿羅漢耶？」

差摩比丘語陀娑比丘言：「我觀五受陰非我、非我所，非漏盡阿羅漢也。」

時，陀娑比丘還至諸上座所，白諸上座：「差摩比丘言：『我觀五受陰非我、非我所，而非漏盡阿羅漢也。』」

時，諸上座語陀娑比丘：「汝復還語差摩比丘：『汝言：「我觀五受陰非我、非我所，而非漏盡阿羅漢。」前後相違。』」

陀娑比丘受諸上座比丘教，往語差摩比丘：「汝言：『我觀五受陰非我、非我所，而非漏盡阿羅漢。』前後相違。」

差摩比丘語陀娑比丘言：「我於五受陰觀察非我、非我所，而非阿羅漢者，我於我慢、我欲、我使，未斷、未知、未離、未吐。」

陀娑比丘還至諸上座所，白諸上座：「差摩比丘

言：『我於五受陰觀察非我、非我所，而非漏盡阿羅漢者，於五受陰我慢、我欲、我使，未斷、未知、未離、未吐。』」

諸上座復遣陀娑比丘語差摩比丘言：「汝言有我，於何所有我？為色是我？為我異色？受、想、行、識是我？為我異識耶？」

差摩比丘語陀娑比丘言：「我不言色是我，我異色；受、想、行、識是我，我異識。然於五受陰我慢、我欲、我使，未斷、未知、未離、未吐。」

差摩比丘語陀娑比丘言：「何煩令汝馳馳往反？汝取杖來，我自扶杖，詣彼上座，願授以杖。」差摩比丘即自扶杖，詣諸上座。

時，諸上座遙見差摩比丘扶杖而來，自為敷座，安停腳机，自往迎接，為持衣鉢，命令就座，共相慰勞。慰勞已，語差摩比丘言：「汝言我慢，何所見我？色是我耶？我異色耶？受、想、行、識是我耶？我異識耶？」

差摩比丘白言：「非色是我，非我異色；非受、想、行、識是我，非我異識。能於五受陰我慢、我欲、我使，

未斷、未知、未離、未吐。譬如優鉢羅、鉢曇摩、拘牟頭、分陀利華香，為即根香耶？為香異根耶？為莖葉鬚精麤香耶？為香異精麤耶？為等說不？」

　　諸上座答言：「不也，差摩比丘！非優鉢羅、鉢曇摩、拘牟頭、分陀利根即是香、非香異根，亦非莖葉鬚精麤是香，亦非香異精麤也。」

　　差摩比丘復問：「彼何等香？」

　　上座答言：「是華香。」

　　差摩比丘復言：「我亦如是。非色即我，我不離色；非受、想、行識即我，我不離識。然我於五受陰見非我、非我所，而於我慢、我欲、我使，未斷、未知、未離、未吐。諸上座聽我說譬，凡智者，因譬類得解。譬如乳母衣，付浣衣者，以種種灰湯，浣濯塵垢，猶有餘氣，要以種種雜香，熏令消滅。如是，多聞聖弟子離於五受陰，正觀非我、非我所，能於五受陰我慢、我欲、我使，未斷、未知、未離、未吐，然後於五受陰增進思惟，觀察生滅，此色、此色集、此色滅，此受、想、行、識，此識集、此識滅。於五受陰如是觀生滅已，我慢、我欲、我使，一切

悉除，是名真實正觀。」

　　差摩比丘說此法時，彼諸上座遠塵離垢，得法眼淨。差摩比丘不起諸漏，心得解脫，法喜利故，身病悉除。

　　時，諸上座比丘語差摩比丘言：「我聞仁者初所說，已解已樂，況復重聞！所以問者，欲發仁者微妙辯才，非為嬈亂汝，便堪能廣說如來、應、等正覺法。」

　　時，諸上座聞差摩比丘所說，歡喜奉行。

三八九經

　　如是我聞：

　　一時，佛住波羅㮈國仙人住處鹿野苑中。

　　爾時，世尊告諸比丘：「有四法成就，名曰大醫王者，所應王之具、王之分。何等為四？一者善知病，二者善知病源，三者善知病對治，四者善知治病已，當來更不動發。云何名良醫善知病？謂良醫善知如是如是種種病，是名良醫善知病。云何良醫善知病源？謂良醫善知此病因風起、癖陰起、涎唾起、眾冷起、因現事起、時節起，是

名良醫善知病源。云何良醫善知病對治？謂良醫善知種種病，應塗藥、應吐、應下、應灌鼻、應熏、應取汗。如是比種種對治，是名良醫善知對治。云何良醫善知治病已，於未來世永不動發？謂良醫善治種種病，令究竟除，於未來世永不復起，是名良醫善知治病，更不動發。

「如來、應、等正覺為大醫王，成就四德，療眾生病，亦復如是。云何為四？謂如來知此是苦聖諦如實知、此是苦集聖諦如實知、此是苦滅聖諦如實知、此是苦滅道跡聖諦如實知。諸比丘！彼世間良醫於生根本對治不如實知，老、病、死、憂、悲、惱、苦根本對治不如實知，如來、應、等正覺為大醫王，於生根本知對治如實知，於老、病、死、憂、悲、惱、苦根本對治如實知，是故如來、應、等正覺名大醫王。」

佛說此經已，諸比丘聞佛所說，歡喜奉行。

一〇二三經

如是我聞：

　　一時，佛住舍衛國祇樹給孤獨園。時，有尊者叵求那住東園鹿母講堂，疾病困篤。

　　尊者阿難往詣佛所，稽首禮足，退住一面，白佛言：「世尊！尊者叵求那住東園鹿母講堂，疾病困篤，如是病比丘多有死者。善哉！世尊！願至東園鹿母講堂尊者叵求那所，以哀愍故！」

　　爾時，世尊默然而許，至日晡時，從禪覺，往詣東園鹿母講堂，至尊者叵求那房，敷座而坐，為尊者叵求那種種說法，示、教、照、喜；示、教、照、喜已，從坐起去。

　　尊者叵求那，世尊去後，尋即命終。當命終時，諸根喜悅，顏貌清淨，膚色鮮白。

　　時，尊者阿難供養尊者叵求那舍利已，往詣佛所，稽首佛足，却住一面，白佛言：「世尊！尊者叵求那，世尊來後，尋便命終，臨命終時，諸根喜悅，膚色清淨，鮮白光澤。不審世尊！彼當生何趣？云何受生，後世云何？」

　　佛告阿難：「若有比丘先未病時，未斷五下分結，若覺病起，其身苦患，心不調適，生分微弱，得聞大師教

授、教誡種種說法，彼聞法已，斷五下分結。阿難！是則大師教授說法福利。

「復次，阿難！若有比丘先未病時，未斷五下分結，然後病起，身遭苦患，生分轉微，不蒙大師教授、教誡說法，然遇諸餘多聞大德修梵行者教授、教誡說法，得聞法已，斷五下分結。阿難！是名教授教誡聽法福利。

「復次，阿難！若比丘先未病時，不斷五下分結，乃至生分微弱，不聞大師教授、教誡說法，復不聞餘多聞大德諸梵行者教授、教誡說法，然彼先所受法，獨靜思惟，稱量觀察，得斷五下分結。阿難！是名思惟觀察先所聞法所得福利。

「復次，阿難！若有比丘先未病時，斷五下分結，不得無上愛盡解脫，不起諸漏，心善解脫，然後得病，身遭苦患，生分微弱，得聞大師教授、教誡說法，得無上愛盡解脫，不起諸漏，離欲解脫。阿難！是名大師說法福利。

「復次，阿難！若有比丘先未病時，斷五下分結，不得無上愛盡解脫，不起諸漏，離欲解脫，覺身病起，極遭苦患，不得大師教授、教誡說法，然得諸餘多聞大德諸梵

行者教授、教誡說法，得無上愛盡解脫，不起諸漏，離欲解脫。阿難！是名教授教誡聞法福利。

「復次，阿難！若有比丘先未病時，斷五下分結，不得無上愛盡解脫，不起諸漏，離欲解脫。其身病起，極生苦患，不得大師教授、教誡說法，不得諸餘多聞大德教授、教誡說法，然先所聞法，獨一靜處，思惟稱量觀察，得無上愛盡解脫，不起諸漏，離欲解脫。阿難！是名思惟先所聞法所得福利。

「何緣叵求那比丘不得諸根欣悅，色貌清淨，膚體鮮澤？叵求那比丘先未病時，未斷五下分結，彼親從大師聞教授、教誡說法，斷五下分結，世尊為彼尊者叵求那受阿那含記。」

佛說此經已，尊者阿難聞佛所說，歡喜隨喜，作禮而去。

一〇二四經

如是我聞：

一時，佛住舍衛國祇樹給孤獨園。

爾時，尊者阿濕波誓住東園鹿母講堂，身遭重病，極生苦患。尊者富隣尼瞻視供給……如前跋迦梨修多羅廣說，謂說三受，乃至「轉增無損。」

佛告阿濕波誓：「汝莫變悔！」

阿濕波誓白佛言：「世尊！我實有變悔。」

佛告阿濕波誓：「汝得無破戒耶？」

阿濕波誓白佛言：「世尊！我不破戒。」

佛告阿濕波誓：「汝不破戒，何為變悔？」

阿濕波誓白佛言：「世尊！我先未病時，得身息樂正受多修習；我於今日不復能得入彼三昧，我作是思惟：『將無退失是三昧耶？』」

佛告阿濕波誓：「我今問汝，隨意答我。阿濕波誓，汝見色即是我、異我、相在不？」

阿濕波誓白佛言：「不也，世尊！」

復問：「汝見受、想、行、識是我、異我、相在不？」

阿濕波誓白佛言：「不也，世尊！」

佛告阿濕波誓：「汝既不見色是我、異我、相在，不見受、想、行、識是我、異我、相在，何故變悔？」

阿濕波誓白佛言：「世尊！不正思惟故。」

佛告阿濕波誓：「若沙門、婆羅門三昧堅固，三昧平等，若不得入彼三昧，不應作念：『我於三昧退減。』若復聖弟子不見色是我、異我、相在，不見受、想、行、識是我、異我、相在，但當作是覺知：『貪欲永盡無餘，瞋恚、愚癡永盡無餘。』貪、恚、癡永盡無餘已，一切漏盡，無漏心解脫、慧解脫，現法自知作證：『我生已盡，梵行已立，所作已作，自知不受後有。』」

佛說是法時，尊者阿濕波誓不起諸漏，心得解脫，歡喜踊悅。歡喜踊悅故，身病即除。

佛說此經，令尊者阿濕波誓歡喜隨喜已，從坐起而去。

差摩迦修多羅如五受陰處說。

一〇二五經

如是我聞：

一時，佛住舍衛國祇樹給孤獨園。時，有異比丘年少新學，於此法、律出家未久，少知識，獨一客旅，無人供給，住邊聚落客僧房中，疾病困篤。

時，有眾多比丘詣佛所，稽首禮足，却坐一面，白佛言：「世尊！有一比丘年少新學，乃至疾病困篤，住邊聚落客僧房中。有是病比丘多死無活。善哉！世尊！往彼住處，以哀愍故！」

爾時，世尊默然而許。即日晡時從禪覺，至彼住處。

彼病比丘遙見世尊，扶床欲起。

佛告比丘：「息臥勿起！云何？比丘！苦患寧可忍不？……」如前差摩迦修多羅廣說如是三受，乃至「病苦但增不損。」

佛告病比丘：「我今問汝，隨意答我。汝得無變悔耶？」

病比丘白佛：「實有變悔。世尊！」

佛告病比丘：「汝得無犯戒耶？」

病比丘白佛言：「世尊！實不犯戒。」

佛告病比丘：「汝若不犯戒，何為變悔？」

病比丘白佛：「世尊！我年幼稚出家未久，於過人法勝妙知見未有所得，我作是念：『命終之時，知生何處？』故生變悔。」

佛告比丘：「我今問汝，隨意答我。云何？比丘！有眼故有眼識耶？」

比丘白佛：「如是，世尊！」

復問：「比丘！於意云何？有眼識故有眼觸、眼觸因緣生內受，若苦、若樂、不苦不樂耶？」

比丘白佛：「如是，世尊！」耳、鼻、舌、身、意亦如是說。

「云何？比丘！若無眼則無眼識耶？」

比丘白佛：「如是，世尊！」

復問：「比丘！若無眼識則無眼觸耶？若無眼觸，則無眼觸因緣生內受，若苦、若樂、不苦不樂耶？」

比丘白佛：「如是，世尊！」耳、鼻、舌、身、意亦

如是說。

「是故，比丘！當善思惟如是法，得善命終，後世亦善。」爾時，世尊為病比丘種種說法，示、教、照、喜已，從坐起去。

時，病比丘，世尊去後，尋即命終。臨命終時，諸根喜悅，顏貌清淨，膚色鮮白。

時，眾多比丘詣佛所，稽首禮足，退坐一面，白佛言：「世尊！彼年少比丘疾病困篤，尊者今已命終。當命終時，諸根喜悅，顏貌清淨，膚色鮮白。云何？世尊！如是比丘當生何處？云何受生？後世云何？」

佛告諸比丘：「彼命過比丘是真寶物，聞我說法，分明解了，於法無畏，得般涅槃，汝等但當供養舍利。」

世尊爾時為彼比丘受第一記。

佛說此經已，諸比丘聞佛所說，歡喜奉行。

一〇二六經

如是我聞：

　　一時，佛住舍衛國祇樹給孤獨園……如上說。差別者：「諦聽，善思，當為汝說。若彼比丘作如是念：『我此識身及外境界一切相，無有我、我所見、我慢繫著使，及心解脫、慧解脫，現法自知作證具足住；於此識身及外境界一切相，無有我、我所見、我慢繫著使，及彼心解脫、慧解脫，現法自知作證具足住。』彼比丘：『我此識身及外境界一切相，無有我、我所見、我慢繫著使，及心解脫、慧解脫，現法自知作證具足住；於此識身及外境界一切相，無有我、我所見、我慢繫著使，及心解脫、慧解脫，現法自知作證具足住。』若彼比丘於此識身及外境界一切相，無有我、我所見、我慢繫著使，及心解脫、慧解脫，現法自知作證具足住；於此識身及外境界一切相，無有我、我所見、我慢繫著使，及彼心解脫、慧解脫，現法自知作證具足住者，是名比丘斷愛欲，轉諸結，止慢無間等，究竟苦邊。」

　　佛說此經已，諸比丘聞佛所說，歡喜奉行。

一〇二七經

如是我聞：

一時，佛住舍衛國祇樹給孤獨園……如上說。差別者，乃至佛告病比丘：「汝不自犯戒耶？」

比丘白佛言：「世尊！我不以持淨戒故，於世尊所修梵行。」

佛告比丘：「汝以何等法故，於我所修梵行？」

比丘白佛：「為離貪欲故，於世尊所修梵行；為離瞋恚、愚癡故，於世尊所修梵行。」

佛告比丘：「如是，如是。汝正應為離貪欲故，於我所修梵行；離瞋恚、愚癡故，於我所修梵行。比丘！貪欲纏故，不得離欲；無明纏故，慧不清淨。是故，比丘！於欲離欲心解脫，離無明故慧解脫。若比丘於欲離欲心解脫身作證，離無明故慧解脫，是名比丘斷諸愛欲，轉結縛，止慢無間等，究竟苦邊。是故，比丘！於此法善思惟……」如前廣說，乃至「受第一記。」

佛說此經已，諸比丘聞佛所說，歡喜隨喜，作禮

而去。

一〇二八經

如是我聞：

一時，佛住舍衛國祇樹給孤獨園。時，有眾多比丘集於伽梨隸講堂。時，多有比丘疾病。

爾時，世尊晡時從禪覺，往至伽梨隸講堂，於大眾前敷座而坐。坐已，告諸比丘：「當正念正智以待時，是則為我隨順之教。比丘！云何為正念？謂比丘內身身觀念處，精勤方便，正念正智，調伏世間貪憂；外身身觀念處、內外身身觀念處，內受、外受、內外受，內心、外心、內外心，內法、外法、內外法法觀念處，精勤方便，正念正智，調伏世間貪憂，是名比丘正憶念。

「云何正智？謂比丘若來若去，正知而住，瞻視觀察，屈申俯仰，執持衣鉢，行、住、坐、臥、眠、覺，乃至五十、六十，依語默正智行。比丘！是名正智。

「如是，比丘！正念正智住者能起樂受，有因緣，非

無因緣。云何因緣？謂緣於身，作是思惟：『我此身無常、有為、心因緣生；樂受亦無常、有為、心因緣生。』身及樂受觀察無常，觀察生滅，觀察離欲，觀察滅盡，觀察捨彼，觀察身及樂受無常，乃至捨已，若於身及樂受貪欲使者永不復使。

「如是，正念正智生苦受因緣，非不因緣。云何為因緣？如是緣身，作是思惟：『我此身無常、有為、心因緣生；苦受亦無常、有為、心因緣生。』身及苦受觀察無常，乃至捨，於此及苦受瞋恚所使，永不復使。

「如是，正念正智生不苦不樂受因緣，非不因緣。云何因緣？謂身因緣，作是思惟：『我此身無常、有為、心因緣生；彼不苦不樂受亦無常、有為、心因緣生。』彼身及不苦不樂受觀察無常，乃至捨，若所有身及不苦不樂受無明使使，使永不復使。多聞聖弟子如是觀者，於色厭離，於受、想、行、識厭離，厭離已離欲，離欲已解脫，解脫知見：『我生已盡，梵行已立，所作已作，自知不受後有。』」

爾時，世尊即說偈言：

樂覺所覺時，莫能知樂覺，

貪欲使所使，不見於出離。

苦受所覺時，莫能知苦受，

瞋恚使所使，不見出離道。

不苦不樂受，等正覺所說，

彼亦不能知，終不度彼岸。

若比丘精勤，正智不傾動，

於彼一切受，黠慧能悉知。

能知諸受已，現法盡諸漏，

依慧而命終，涅槃不墮數。

佛說此經已，諸比丘聞佛所說，歡喜奉行。

一〇二九經

如是我聞：

一時，佛住舍衛國祇樹給孤獨園……如上說。時，有眾多比丘集會伽梨隸講堂，多有疾病……如上說。差別

者：「乃至聖弟子如是觀者，於色解脫，於受、想、行、識解脫，我說是等解脫生、老、病、死。」

爾時，世尊即說偈言：

　　智慧多聞者，非不覺諸受，
　　若於苦樂受，分別諦明了。
　　當知堅固事，凡夫有昇降，
　　於樂不染著，於苦不傾動。
　　知受不受生，依於貪恚覺，
　　斷除斯等已，其心善解脫。
　　繫念緣妙境，正向待終期，
　　若比丘精勤，正智不傾動。
　　於此一切受，慧者能覺知，
　　了知諸受已，現法盡諸漏。
　　依慧而命終，涅槃不墮數。

佛說此經已，諸比丘歡喜，作禮而去。

一○三○經

如是我聞：

一時，佛住舍衛國祇樹給孤獨園。

爾時，給孤獨長者得病，身極苦痛。世尊聞已，晨朝著衣持鉢，入舍衛城乞食，次第乞食至給孤獨長者舍。

長者遙見世尊，馮床欲起。

世尊見已，即告之言：「長者勿起！增其苦患。」世尊即坐，告長者言：「云何？長者，病可忍不？身所苦患，為增、為損？」

長者白佛：「甚苦！世尊！難可堪忍……」乃至說三受，如差摩修多羅廣說，乃至「苦受但增不損。」

佛告長者：「當如是學：『於佛不壞淨，於法、僧不壞淨，聖戒成就。』」

長者白佛：「如世尊說四不壞淨，我有此法，此法中有我。世尊！我今於佛不壞淨，法、僧不壞淨，聖戒成就。」

佛告長者：「善哉！善哉！」即記長者得阿那含果。

　　長者白佛：「唯願世尊今於此食。」爾時，世尊默而許之。

　　長者即勅辦種種淨美飲食，供養世尊。世尊食已，為長者種種說法，示、教、照、喜已，從坐起而去。

一〇三一經

　　如是我聞：

　　一時，佛住舍衛國祇樹給孤獨園。

　　時，尊者阿難聞給孤獨長者身遭苦患，往詣其舍。長者遙見阿難，馮床欲起……乃至說三受，如前叉摩修多羅廣說，乃至「苦患但增不損。」

　　時，尊者阿難告長者言：「勿恐怖！若愚癡無聞凡夫不信於佛，不信法、僧，聖戒不具，故有恐怖，亦畏命終及後世苦。汝今不信已斷、已知，於佛淨信具足，於法、僧淨信具足，聖戒成就。」

　　長者白尊者阿難：「我今何所恐怖？我始於王舍城寒林中丘塚間見世尊，即得於佛不壞淨，於法、僧不壞淨，

聖戒成就。自從是來，家有錢財悉與佛、弟子，比丘、比丘尼、優婆塞、優婆夷共。」

　　尊者阿難言：「善哉！長者！汝自記說是須陀洹果。」

　　長者白尊者阿難：「可就此食。」

　　尊者阿難默然受請。

　　即辦種種淨美飲食，供養尊者阿難，食已，復為長者種種說法，示、教、照、喜已，從坐起而去。

一〇三二經

　　如是我聞：

　　一時，佛住舍衛國祇樹給孤獨園。

　　爾時，尊者舍利弗聞給孤獨長者身遭苦患。聞已，語尊者阿難：「知不？給孤獨長者身遭苦患，當共往看。」尊者阿難默然而許。

　　時，尊者舍利弗與尊者阿難共詣給孤獨長者舍。長者遙見尊者舍利弗，扶床欲起……乃至說三種受，如叉摩修多羅廣說，「身諸苦患轉增無損。」

　　尊者舍利弗告長者言：「當如是學：『不著眼，不依眼界生貪欲識；不著耳、鼻、舌、身，意亦不著，不依意界生貪欲識。不著色，不依色界生貪欲識；不著聲、香、味、觸、法，不依法界生貪欲識。不著於地界，不依地界生貪欲識；不著於水、火、風、空、識界，不依識界生貪欲識。不著色陰，不依色陰生貪欲識；不著受、想、行、識陰，不依識陰生貪欲識。』」

　　時，給孤獨長者悲歎流淚。尊者阿難告長者言：「汝今怯劣耶？」

　　長者白阿難：「不怯劣也。我自顧念，奉佛以來二十餘年，未聞尊者舍利弗說深妙法，如今所聞。」

　　尊者舍利弗告長者言：「我亦久來未嘗為諸長者說如是法。」

　　長者白尊者舍利弗：「有居家白衣，有勝信、勝念、勝樂，不聞深法，而生退沒。善哉！尊者舍利弗！當為居家白衣說深妙法，以哀愍故！尊者舍利弗！今於此食。」尊者舍利弗等默然受請。

　　即設種種淨美飲食，恭敬供養。食已，復為長者種種

說法，示、教、照、喜；示、教、照、喜已，即從坐起
而去。

一〇三三經

　　達摩提離長者修多羅亦如世尊為給孤獨長者初修多羅
廣說，第二修多羅亦如是說。差別者：「若復長者依此四
不壞淨已，於上修習六念：謂念如來事，乃至念天。」

　　長者白佛言：「世尊！依四不壞淨，於上修六隨念，
我今悉成就，我常修念如來事，乃至念天。」

　　佛告長者：「善哉！善哉！汝今自記阿那含果。」

　　長者白佛：「唯願世尊受我請食。」爾時，世尊默然
受請。

　　長者知佛受請已，即具種種淨美飲食，恭敬供養，世
尊食已，復為長者種種說法，示、教、照、喜已，從坐起
而去。

一〇三四經

如是我聞：

一時，佛住王舍城迦蘭陀竹園。

時，有長壽童子，是樹提長者孫子，身嬰重病。

爾時，世尊聞長壽童子身嬰重病，晨朝著衣持鉢，入王舍城乞食，次第到長壽童子舍。長壽童子遙見世尊，扶床欲起……乃至說三受，如叉摩修多羅廣說，乃至「病苦但增無損。是故，童子！當如是學：『於佛不壞淨，於法、僧不壞淨，聖戒成就。』當如是學。」

童子白佛言：「世尊！如世尊說四不壞淨，我今悉有，我常於佛不壞淨，於法、僧不壞淨，聖戒成就。」

佛告童子：「汝當依四不壞淨，於上修習六明分想。何等為六？謂一切行無常想、無常苦想、苦無我想、觀食想、一切世間不可樂想、死想。」

童子白佛言：「如世尊說，依四不壞淨，修習六明分想，我今悉有。然我作是念：『我命終後，不知我祖父樹提長者當云何？』」

　　爾時，樹提長者語長壽童子言：「汝於我所，故念且停。汝今且聽世尊說法，思惟憶念，可得長夜福利安樂饒益。」

　　時，長壽童子言：「我於一切諸行當作無常想、無常苦想、苦無我想、觀食想、一切世間不可樂想、死想，常現在前。」

　　佛告童子：「汝今自記斯陀含果。」

　　長壽童子白佛言：「世尊！唯願世尊住我舍食。」爾時世尊默然而許。

　　長壽童子即辦種種淨美飲食，恭敬供養。世尊食已，復為童子種種說法，示、教、照、喜已，從坐起而去。

一〇三五經

　　如是我聞：

　　一時，佛住波羅㮈國仙人住處鹿野苑中。

　　時，婆藪長者身遭苦患。

　　爾時，世尊聞婆藪長者身遭苦患……如前達摩提那長

者修多羅廣說，得阿那含果記，乃至從坐起而去。

一〇三六經

如是我聞：

一時，佛住迦毘羅衛國尼拘律園中。

時，有釋氏沙羅疾病委篤。

爾時，世尊聞釋氏沙羅疾病委篤，晨朝著衣持鉢，入迦維羅衛國乞食，次到釋氏沙羅舍。釋氏沙羅遙見世尊，扶床欲起……乃至說三受，如差摩迦修多羅廣說，乃至「患苦但增不損。是故，釋氏沙羅，當如是學：『於佛不壞淨，於法、僧不壞淨，聖戒成就。』」

釋氏沙羅白佛言：「如世尊說：『於佛不壞淨，於法、僧不壞淨，聖戒成就。』我悉有之，我常於佛不壞淨，於法、僧不壞淨，聖戒成就。」

佛告釋氏沙羅：「是故，汝當依佛不壞淨，法、僧不壞淨，聖戒成就，於上修習五喜處。何等為五？謂念如來事，乃至自所施法。」

釋氏沙羅白佛言：「如世尊說，依四不壞淨，修五喜處，我亦有之，我常念如來事，乃至自所施法。」

佛言：「善哉！善哉！汝今自記斯陀含果。」

沙羅白佛：「唯願世尊今我舍食。」爾時，世尊默然而許。

沙羅長者即辦種種淨美飲食，恭敬供養，世尊食已，復為沙羅長者種種說法，示、教、照、喜已，從坐起而去。

一○三七經

如是我聞：

一時，佛住那梨聚落曲谷精舍。

爾時，耶輸長者疾病困篤……如是乃至得阿那含果記，如達摩提那修多羅廣說。

一〇三八經

如是我聞：

一時，佛住瞻婆國竭伽池側。時，有摩那提那長者疾病新差。

時，摩那提那長者語一士夫言：「善男子！汝往尊者阿那律所，為我稽首阿那律足，問訊起居輕利、安樂住不？明日通身四人願受我請。若受請者，汝復為我白言：『我俗人多有王家事，不能得自往奉迎，唯願尊者時到，通身四人來赴我請，哀愍故！』」

時，彼男子受長者教，詣尊者阿那律所，稽首禮足。白言尊者：「摩那提那長者敬禮問訊：『少病少惱、起居輕利、安樂住不？唯願尊者通身四人明日日中，哀受我請。』」時，尊者阿那律默然受請。

時，彼士夫復以摩那提那長者語白尊者阿那律：「我是俗人，多有王家事，不得躬自奉迎，唯願尊者通身四人明日日中，哀受我請，憐愍故！」

尊者阿那律陀言：「汝且自安！我自知時，明日通身

四人往詣其舍。」

時，彼士夫受尊者阿那律教，還白長者：「阿梨！當知我已詣尊者阿那律，具宣尊意。尊者阿那律言：『汝且自安，我自知時。』」

彼長者摩那提那夜辦淨美飲食。晨朝復告彼士夫：「汝往至彼尊者阿那律所，白言：『時到。』」

時，彼士夫即受教，行詣尊者阿那律所，稽首禮足，白言：「供具已辦，唯願知時！」

時，尊者阿那律著衣持鉢，通身四人詣長者舍。

時，摩那提那長者婇女圍遶，住內門左，見尊者阿那律，舉體執足敬禮，引入就坐，各別稽首，問訊起居，退坐一面。

尊者阿那律問訊長者：「堪忍安樂住不？」

長者答言：「如是，尊者！堪忍樂住。先遭疾病，當時委篤，今已蒙差。」

尊者阿那律問長者言：「汝住何住，能令疾病苦患時得除差？」

長者白言：「尊者阿那律！我住四念處，專修繫念

故，身諸苦患時得休息。何等為四？謂內身身觀念住，精勤方便，正念正智，調伏世間貪憂。外身、內外身，內受、外受、內外受，內心、外心、內外心，內法、外法、內外法法觀念住，精勤方便，正念正智，調伏世間貪憂。如是，尊者阿那律！我於四念處繫心住故，身諸苦患時得休息，尊者阿那律，住故，身諸苦患時得休息。」

尊者阿那律告長者言：「汝今自記阿那含果。」

時，摩那提那長者以種種淨美飲食自手供養，自恣飽滿。食已，澡漱畢，摩那提那長者復坐卑床，聽說法。尊者阿那律種種說法，示、教、照、喜已，從坐起去。

般若方程式 16

法的療癒 —— 佛陀教我的10堂生死課

Healing through Hearing the Dharma:
10 Lessons on Life and Death as Taught by the Buddha

著者	杜正民
出版	法鼓文化
總監	釋果賢
總編輯	陳重光
編輯	許翠谷、李金瑛
封面設計	化外設計
內頁美編	小工
地址	臺北市北投區公館路186號5樓
電話	(02)2893-4646
傳真	(02)2896-0731
網址	http://www.ddc.com.tw
E-mail	market@ddc.com.tw
讀者服務專線	(02)2896-1600
初版一刷	2018年3月
二版八刷	2024年5月
建議售價	新臺幣200元
郵撥帳號	50013371
戶名	財團法人法鼓山文教基金會—法鼓文化
北美經銷處	紐約東初禪寺
	Chan Meditation Center (New York, USA)
	Tel: (718)592-6593 E-mail:chancenter@gmail.com

法鼓文化

國家圖書館出版品預行編目資料

法的療癒:佛陀教我的10堂生死課 / 杜正民著.
-- 初版. -- 臺北市:法鼓文化, 2018. 03
　　面 ; 　公分
　　ISBN 978-957-598-777-0(平裝)

1. 佛教修持　2. 生活指導

225.87　　　　　　　　　　　107000259